SLASH

斜槓青年實踐版

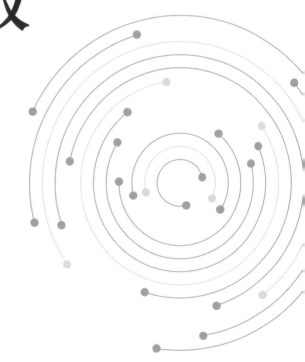

成為內控者，
建立幸福人生的
正向迴圈

SUSAN KUANG 著

目錄

Chapter 1
避免掉入內心的陷阱

Chapter 2

重塑你的底層信念

Chapter 3

打造自我實現系統

Chapter 4

建立精力管理策略

自序
在成為斜槓之前，你得先學會內控

二〇一六年，我完成了人生的第一本書《斜槓青年》。這本書一上市便受到了很多讀者的喜愛，也在臺灣掀起了一股「斜槓青年」熱潮。面對這種熱潮，我即感到欣喜，又有所困惑。表面上看，很多人嚮往成爲斜槓青年，是因爲斜槓青年意味著擁有多重職業，以及多種收入管道，但我總覺得這背後一定有著更爲深層的原因，一定是因爲某種重要的內在需求沒有得到滿足。如果眞是如此，那麼這種需求到底是什麼呢？大家內心眞正渴望的又是什麼，難道僅僅是多一個職業，多一份收入嗎？

這個問題，我思考了很久。到現在，我終於想明白了，我覺得大家眞正想要的其實是找到自我，或者更準確一點來說，是找到自我的存在感與價值感。怎麼樣才算「擁有自我的存在感和價值感」呢？關鍵在於，得在自己感興趣的、認爲重要的和有意義的事情上有所成就，並且還能得到他人和社會的認同，獲得相應的經濟回報。

這裡有幾個關鍵字：①自己感興趣，也就是說，我們做這件事情的動力來自於自己，是出於某種內在驅動力，而不是外部壓力；②有所成就，也就是要有一些能夠體現自身能力的實在成果；③他人和社會的認同，也就是這些成果得對他人有幫助、有價值，能夠轉化成經濟收益。

心理學上有個著名的理論，叫做自我決定理論。這個理論告訴我們，人有三種先天的心理需要，分別是自主、能力和關係，只有當這三個需求都得到滿足時，內心才會有幸福感和自我滿足感。簡單解釋一下：自主需要指的是，可以根據自己的個人興趣和價值觀去選擇，做一件事情是因為自己想做，而不是因為不得不做；能力需要指的是，可以在做自己喜歡的事情的過程中不斷發展和提升自己的技能；關係需要指的則是，可以和他人產生連結，獲得歸屬感和被接納的感覺。

這三個心理需要和我剛剛提到的這三個關鍵字，正好是對應的關係，充分詮釋了「斜槓青年」背後的價值追求。從某種意義上來說，大家之所以想要擁有「多重身分」，就是因為現有的身分無法滿足他們對自主、能力和關係的需要，所以想透過新身分的探索來找到真正喜歡和熱愛的領域，並不斷發展自己在這個領域的能力，以此找到存在感與價值感。

說到這裡，我們就不得不問另外一個問題：為什麼大多數人都不知道自己熱愛什麼呢？一個最直接的原因就是，我們內心有太多擔心和害怕了：我們總是害怕自己不夠好，害怕滿足不了他人對我們的期待，害怕讓別人失望，害怕失敗，害怕犯錯，害怕得不到認同。當我們內心有那麼多擔心和害怕的時候，自主性當然沒有辦法充分發展。

這是基於大腦的特性，對大腦來說，避免痛苦永遠是第一訴求，它遠比追求快樂重要，所以在痛苦、焦慮和擔心沒有消除之前，在安全感沒有得到滿足之前，大腦不會花費精力思考和探索自己喜歡什麼，或者主動追求挑戰和進步。正如哈佛商學院策略管理教授魏思炯在《策略IQ》中所說：「人類生來好奇，總是在探索中進步，希望改善當前的行爲，同時也會因新想法而歡呼雀躍。不斷求索進步是人類的本性，但這種本性也會因爲恐懼和缺乏安全感而徹底被壓制。」

關於「熱愛」，很多人對此有著很大的誤解，以爲世界上存在一個生來就熱愛的事情等著我們去發現，但事實並非如此。熱愛通常是主動投入和付出之後的結果，是你能力達到一定水準，並可以創造某種對他人有價值的實在成果之後的結果。換言之，**熱愛是需要培養的，需要無條件的投入。你越是投入，收穫就會越多，收穫越多，你就會越熱愛，越熱愛就會越投入，以此形成正向迴圈。**

假如缺乏安全感，內心有著太多的擔心與害怕，你就會把安全需要擺在第一位。這種「安全至上」的思維方式會讓你一遇到困難就想迴避，一遇到失敗就想放棄。這樣就不可能進入上面所說的那種正向迴圈，也不可能眞正喜歡上某件事情。要知道，不管選擇什麼領域，都必須先經歷一段非常艱難的時期，你會遭遇很多的挫敗感，也可能投入很長時間都看不到回報。

不過說句實話，「安全至上」的思維方式並不是我們的錯，而是與成長和教育環境中「胡蘿蔔與棍子」式的激勵文化息息相關，也就是用獎勵或者懲罰的方式促使人去做某些事，「胡蘿蔔」代表的是獎勵，「棍子」代表的是懲罰。當然，這種獎勵和懲罰不一定是物質上或者身體上的，可能更常見於精神上和人際關係上的，比如他人的認同和稱讚、與他人相比的優越感就都是一種精神獎勵，而他人的否定和批評、與他人相比的自卑感就是一種精神上的懲罰。

回顧一下自己的成長歷史，我們可能會發現，自己從小到大所做的一切事情似乎很少出於興趣，大多都是因爲外在壓力。比如我們努力學習，不是因爲對學習本身感興趣，而是爲了獲得好成績、考上好學校，以此滿足家長的期待並獲得老師的認同。我們努力工作，也很少是因爲喜歡或者認同自己所做的事情，而是爲了賺錢，或者得到上司的賞識，以便未來可以升職加薪。

這樣的成長環境使得我們逐漸喪失了自主性和自我驅動的能力，外在獎賞成了最重要的動力來源：我們渴望得到他人的認同，我們希望自己看起來更優秀、更有地位，比別人更厲害、更成功，或者至少不要落後於他人。這些就是我們的「胡蘿蔔」。當然，我們也有自己的「棍子」，就是自我批評。爲了避免落後，爲了讓自己看起來夠好，我們會在內心不斷地批評和責罰自己，或者拿自己和他人進行比較，以此驅動自己一直往前走。

明白這些之後，我們不難發現，想要眞正找到所謂的「自我」、擁有自我價值感，首先就得改變長久以來的自我批評習慣，讓自己從各種擔憂和害怕中釋放出來，找回內在安全感。只有這樣，才不會因爲過於在意外在得失而一直停留在迴避痛苦的模式中，我們的自主性才會慢慢發展出來，也才能把精神能量聚焦在有益的方面，比如如何應對和克服挑戰，以實現自我突破和能力發展，並最終把能力轉化成對他人和社會有價值的成果。

我寫這本書的目的，從某種意義上來說，就是想要協助你改變這種狀態，協助你彌補成長過程中缺失的一些重要「功課」：學會如何不依賴外在獎賞而行動，如何不讓自己的情緒隨著環境而變化，就算遭遇失敗和挫折，也能保持積極樂觀的心態，然後帶著這份積極與樂觀，努力追求那些對自己來說眞正重要的目標，主動創造一個自己想要的美好人生。

這本書副標題叫做「成爲內控者」。「內控者」這個概念源於美國社會學習理論家朱利安．羅特提出的「制握信念」（Locus of Control），它代表的是這樣一類人：他們相信命運掌控在自己手中，自己的人生只能自己負責，所以會表現得十分積極和主動，面對困難和問題時，不會那麼容易放棄，而是努力尋求解決辦法，也會以富有成效的方式去塑造自己的人生。

想要成爲內控者並不容易，因爲成爲內控者的過程，本質上就是一個自我重塑的過程。

這種自我重塑，包括了個人價值觀的重塑，也包括認知模式和思維習慣的重塑。

這本書一共包含了四大部分。

第一部分，我將從人生發展這個宏觀的角度入手，幫助你建立起科學的幸福觀、能力觀，以及更具適應性的工作觀，並告訴你如何在這個不斷變化、充滿不確定性的時代，發展和保持自己的優勢。

第二部分，可以說是全書的重中之重，它關乎的是整個認知體系中最爲核心的信念改變，也就是自我價值感、能力和掌控感的信念，只有實現了這個層面的認知改變，我們才會眞正擁有積極的心態。

在這部分，你將學習到自我慈悲的方法與技巧，這將幫助你擺脫自我批評和否定的習慣，以及因此而產生的無價值感，也會了解到如何擺脫無望感，讓自己變得積極主動，以及如何讓自己擁有成長型思維，不再讓失敗和錯誤成爲自我發展道路上的絆腳石。

第二部分關注的是認知和情緒系統的改變，第三部分關注的則是關於思考和行動系統的改變，它包括學會如何定義和思考問題，如何把問題變成合理可行的目標，如何計畫和規畫目標的實現過程，以及如何利用產品思維和作品思維，將自身能力轉化成對他人有價值的成果，以此實現自己的社會價值。

第四部分，是我根據大腦的特點和自己多年的實踐經驗，提出一些重要且實用的精力和時間管理建議。你將從中學到如何讓自己保持良好的精神狀態、如何合理分配精力，以及如何把精力聚焦在眞正有意義的事情上。這些建議不僅能夠讓你的行動變得更加高效，還能讓你在全力以赴爲目標奮鬥的同時，更能享受生活。

如果說《斜槓青年》讓你看到的是一種全新的人生理念和更多的人生可能性，那麼這本書將告訴你爲了擁有這樣的人生，你需要修煉哪些「內功」，以及如何進行自我修煉。有了這些「內功」之後，你便不會再被頭腦裡的消極思維及各種擔心憂慮所限制，而是自由地、無所畏懼地持續探索和創造自己想要的人生。

Chapter

1

避免掉入內心的陷阱

我們總覺得，追求幸福就是追求快樂，但從某種意義上來說，幸福的本質其實是痛苦管理，因為我們真正面對的選擇，並不是「我想要得到怎樣的快樂」，而是「我願意承受怎樣的痛苦」，這才是幸福和成功背後的決定性因素。

幸福的本質，是痛苦管理

你是否曾在夜深人靜的時候，問過自己這樣一個問題：我究竟想要些什麼？怎樣才能擁有一個不一樣的人生呢？

如果你的答案爲是，那麼我告訴你，你並不孤單，因爲這個世界上有成千上萬的人和你一樣，對生活感到不滿，但是又弄不清楚自己到底想要些什麼。

從某個角度來說，弄清楚自己想要什麼其實是件滿容易的事情，因爲你想要的，無非就是這兩個字——幸福。但從另一個角度來說，這又是一件極其困難的事情，因爲「幸福」這兩個字太過於抽象和籠統。於是，我們又不得不繼續追問：「究竟什麼是幸福？」

關於幸福是什麼，哲學家們思考了上千年的時間，卻始終沒有找到統一的答案。如今，多虧了大腦科學的發展，科學家們已經能夠從更爲本質的角度對幸福進行研究，並揭開它的神秘面紗。

快樂背後的四種化學物質

雖說每個人對於幸福的理解和定義不一樣，但不管怎麼樣幸福都是一種感受，而只要是感受，就離不開大腦中的化學反應，也離不開與之相關的各種化學物質。

如果從這個層面來分析和理解幸福，就會簡單很多，因爲大腦中與快樂相關的化學物質只有四種，分別是血清素、腦內啡、催產素和多巴胺。

．血清素

相關感受：自信、安全感

血清素與自尊是息息相關的，它代表的是一種平靜和自信的快樂。我們可以把血清素理解爲大腦發出的一種信號，這個信號告訴我們：「你的地位是穩定的，你現在是安全的。」

當感覺自己被尊重，或者得到了認同時，大腦中的血清素就會增加，自我感覺從容，情緒也會很穩定，由此而產生的自信和安全感則會帶來更多的情感張力，幫助我們更能面對生活和工作中的起起落落。反之，當我們缺少認同，感到自我懷疑，或者找不到存在感和價值感的時候，血清素就會下降，而血清素的缺乏會使人感到焦慮、憂鬱，睡眠和食慾也會受到影響。

你或許不知道，憂鬱症就與血清素的缺乏有關，而憂鬱症患者所服用的抗憂鬱藥物，其主要作用就是幫助憂鬱症患者提高大腦中的血清素，這能幫助他們保持情緒的穩定。

・腦內啡

相關感受：愉悅、享受、放鬆、被治癒

與腦內啡相關的情緒是愉悅感、快感、放鬆，以及被治癒的感覺等等，比如當我們吃到好吃的食物、投入自己特別喜歡的事情、看溫暖的電影、聽美好的音樂，或者欣賞美麗的風景時，大腦就會分泌腦內啡，為我們帶來一種美好的感受。

事實上，當我們傷心、哭泣，或者身體經歷疼痛，比如運動到身體極限的時候，大腦也會分泌腦內啡，因為腦內啡能阻止與疼痛有關的信號，有助於緩解疼痛，止痛藥裡的主要成分就是腦內啡。

・催產素

相關感受：親密感、信任感、歸屬感

與催產素相關的情緒和感受，是親密感、信任感和歸屬感。當我們被喜歡的人撫摸，與他人產生了很深的情感上的連結，或者感覺到被關愛、被信任的時候，大腦都會分泌催產素。

當大腦裡催產素較多時，我們會有很強的同理心，也會很容易信任他人，表現出十分友好的行爲。有研究還發現，在一個人的鼻子裡噴灑催產素有助於克服其社交羞澀感，增強自信，使其更容易「合群」。

女性在生產之後，大腦會分泌大量的催產素，新生嬰兒的大腦中也會產生大量的催產素，正是因爲有了催產素的幫助，媽媽和新生嬰兒之間才能迅速建立起強大的情感連結，這種連結對於嬰兒的生存極爲重要。

‧多巴胺

相關感受：充滿動力和希望、成就感

多巴胺應該是這四種大腦化學物質中我們最熟悉的。一提起多巴胺，很多人就會聯想到享樂和愉悅感，這其實是一個很常見的誤解，多巴胺最主要的作用是使人想要某樣東西，而讓人感到愉悅是腦內啡的功能。

多巴胺的釋放能夠引起諸如渴望、興奮和希望等情緒，這種情緒就會讓我們充滿動力地去追求想要的目標。

不過，多巴胺並不僅僅在目標實現或者欲望得到滿足的時候才分泌，而是在預測到目標得以實現的時候就會釋放。也就是說，多巴胺所帶來的快樂是在追求目標的整個過程中都能體會到的。在目標實現之前，我們體會到的是因爲興奮和希望而產生的動力十足的感覺，在目標實現那一刻，我們體會到的則是滿足感、成就感。

認知了這四種與快樂有關的大腦化學物質之後，也就不難想像，幸福美好的人生應該是什麼樣的了。

眞正幸福美好的人生，一定是這四種大腦化學物質都能保持平衡的人生，意味著擁有足夠的自信和安全感，這是一切的根基。擁有親密和諧的關係，有追求、有目標，能夠充滿動力和希望地朝著想要的方向持續前進，此外，生活中還能有足夠的快樂時光，這些快樂可能來自業餘愛好，可能來自美食、娛樂和美景，也可能來自運動。

這和正向心理學之父馬汀．塞利格曼所提出的幸福2.0理論是非常接近的。塞利格曼認爲，幸福關乎的不僅僅是生活滿意度，而是一種蓬勃綻放的人生狀態，它包含了五個關鍵元素：積極情緒、投入、意義感、成就，以及人際關係。這五種元素在我們剛剛關於美好幸福生活的描述中都能看到。

沒有風雨，哪會有彩虹

看到這裡，你可能會忍不住想：這似乎也沒有什麼新鮮的，這不就是理想中的美好生活，可是爲什麼我就沒辦法擁有呢？答案其實隱藏在一個我們都知道，卻被忽略的本性之中——我們的大腦只喜歡快樂，而不喜歡痛苦。

不知道你有沒有發現，這四種大腦化學物質所代表的快樂類型中，除了腦內啡所代表的愉悅、享受、放鬆是比較容易獲得的，只要有相應的外在刺激就可以，其他三種類型的快樂都不是輕而易舉就能實現的，而是必須先承受某種痛苦才能獲得。這種痛苦包括了走出舒適圈的痛苦、失敗和犯錯的痛苦、充滿不確定性的痛苦，理想與現實不一致的痛苦等等。

如果想要找到自己喜歡的人生方式，按照理想的樣子生活，那麼你就得敢於面對不確定性，敢於嘗試和走錯路，敢於與衆不同，甚至是不被理解。

如果想在某個領域有所成就，那麼你就得習慣於困難與挑戰，習慣於鍥而不捨的努力，習慣於長時間默默投入和積累而不被關注，沒有鮮花和掌聲。

如果想要擁有自信，那麼你就得先學會如何自我接納與尊重，學會如何在自己做得還不夠好，離想要的目標還有差距時，給自己安慰和鼓勵，而不是自我打擊。

如果想要擁有和諧的關係，那麼你就要做好犧牲和妥協的準備，而不能隨心所欲地只考慮自己的需求和感受。在遇到衝突的時候，你得願意去理解對方，然後在理解的基礎上尋求共贏。

每個人的這一生，都是一個不斷做選擇、不斷解決問題、不斷應對挑戰的過程。不管你身在哪個階層，富裕還是貧窮，不管你想以事業爲重，還是以家庭爲重，都免不了要面對大大小小的人生選擇，要應付現實世界丟給你的無數問題和挑戰，也一定會遭遇各式各樣的失意與挫敗。換言之，痛苦是不可避免的，它就是人生的一部分，不論你喜歡還是不喜歡，想要還是不想要，它都會一直存在，你永遠無法擺脫它。

如果你只想要快樂，不想要痛苦，那麼在面對選擇、困難，或者一個與期待不符合的現實的時候，就會本能地想要逃避。於是，你就只能去尋求一些簡單的、不需要怎麼努力和付出就能得到的快樂，比如食物、遊戲和娛樂的刺激等等，透過這種方式來緩解逃避所帶來的焦慮感。

但問題是，這樣的快樂雖然可以爲你帶來一些快感，但卻沒有辦法給予心靈上的滿足感，久而久之你就會感到空虛和無意義。而且，就算你可以透過這種方式暫時逃避現實，也無法永遠逃避，總有一天還是必須面對的。

一個人之所以會陷入迷茫，往往是因爲對人生抱有不切實際的期待與幻想，以爲那種想要的充實感、成就感、意義感，以及美好和諧的關係是可以被找到的，或者透過某種方式輕鬆得到。所謂的「成功學」利用的就是這種心理，它宣導的是「快速成功」，販賣的則是快速成功的方法。

但眞實的情況是，想要獲得感官上的快樂與刺激很容易，但是想要擁有心靈和精神層面的幸福感，就只能用汗水和淚水去換取。

美國作家傑夫．海登曾經在書裡講過這樣一個故事，這個故事是關於他祖父的。

在海登十二歲的時候，他的祖父花了很多錢買了一匹專門用來賽馬的馬。當時的他完全無法理解祖父的行爲，因爲這匹馬對於生活在農場的他們來說，簡直就是「奢侈品」，大大超出了他們的消費水準。之後，他的祖父就常常帶著這匹馬去參加當地的賽馬比賽，但比賽結果卻總是不如人意。

有一天，海登的祖父花了很高的價錢請了一位非常厲害的騎士騎著馬去參加比賽，這次，這匹馬終於得到了一個令人滿意的名次——第二名，海登的祖父也如願以償地站上了領獎臺，領到了一面銀牌。

領完獎之後，海登的祖父得意地牽著自己的馬繞著賽馬場走了一圈，接受周圍觀衆的祝賀和讚美。那一刻，海登注意到他祖父整個神情和姿態都和以前不一樣，他站得更挺拔了，頭也抬得更高了，臉上還帶著毫不掩飾的驕傲和自豪感。比賽完回到家之後，他的祖父依然沉浸在快樂之中，只是剛剛因爲他人讚美而獲得的自豪感卻已經看不到了。

過了很多年之後，海登才眞正意識到他的祖父當時爲什麼要買那匹馬，他其實是迫切地想要找到存在感和價值感，而他相信，只要自己的馬能夠在比賽中取得好成績，他就能「出人頭地」，得到他人的關注和尊重。是的，那一刻，他的確得到了他渴望已久的價值感，然而這種快樂轉瞬即逝，很快他就回到了原來的狀態，除了那次美好的回憶之外，這面銀牌並沒有爲他的人生帶來任何不同。

爲什麼海登的祖父得到了自己想要的「成就」，卻沒有得到他渴望的快樂和存在感呢？很簡單，因爲他跳過了中間那個努力和成長的過程，直接用錢買到了最後的「成就」。海登的祖父不知道的是，他眞正想要的其實就存在於那個被他省去的過程之中，也就是爲了目標不斷努力自我突破的奮鬥感。

如果把幸福比作是一個大蛋糕，那麼成功最終實現的那一刻所帶來的快樂僅僅是蛋糕表面那層看得見的奶油，眞正的幸福其實藏在他人看不到的地方——奶油底下的蛋糕，它是我們在這個過程中因爲持續進步而獲得的充實感與自我滿足感。

我們總覺得，追求幸福就是追求快樂，但從某種意義上來說，**幸福的本質其實是痛苦管理，因爲我們眞正面對的選擇，並不是「我想要得到怎樣的快樂」，而是「我願意承受怎樣的痛苦」，這才是幸福和成功背後的決定性因素。**

既然痛苦不可避免，不如主動選擇

假如你能換個角度看待人生，不把痛苦看成不好的、必須逃避的情緒，而把它當成是幸福的一部分、人生意義的一部分，甚至有勇氣主動選擇痛苦，那麼你的心態就會發生很大的轉變，人生也將從此豁然開朗，你不僅會輕鬆很多，內心變得強大起來，也會更容易想清楚什麼才是自己眞正想要的。

其實，人生中那些所謂的痛苦，大多都是心理上的痛苦，是心態所導致的，是因爲你不接納它、抗拒它。一旦抗拒，就會引發內在衝突，而人的大腦是最厭惡衝突的，衝突會帶來緊張和焦慮感。但當你主動去選擇痛苦的時候，你會發現，痛苦反而消失了，因爲此時的你不再抗拒也不再害怕它了。不抗拒就不會有內在衝突，內在衝突消失了，痛苦自然也就不存在了。

不僅如此，你也會發現，自己在面對選擇和決策的時候，沒有那麼糾結了，因爲你不會只是從快樂和回報的角度做選擇，而會反問自己：「我是否願意爲之承受痛苦？是否願意爲之付出艱辛的努力？」當你看清楚了回報背後隱藏的「附加條件」之後，答案就會變得分明了。而且經過這樣的思考之後做出的選擇，才是最貼近你內心眞實意願的選擇，因爲你只會願意爲自己眞正喜歡的事情承受痛苦。當爲自己喜歡的事情承受痛苦時，即便是眞的辛苦，那也是幸福的、有意義的。

所以，如果你眞的想要自己的人生有所不同，想要實現塞利格曼所說的那種蓬勃綻放的人生狀態，那麼首先就不能害怕和逃避痛苦，而且還得有敢於面對痛苦，敢於主動選擇痛苦的勇氣。

這自然不是一件容易的事情，因爲這種勇氣的獲得，需要依賴某種特定的前提條件，那就是，你得相信自己，相信自己有能力解決問題、有能力突破困難，以及有能力透過持續的努力來實現一個更加美好的人生。

害怕，其實是因爲不自信

人之所以會害怕痛苦，主要原因就是對自己沒有信心，缺乏安全感和掌控感。在這種情況下，大腦就會傾向於把一切困難、挑戰和挫敗看成是一種自我威脅。相反的，人在自信的時候，不僅不害怕挑戰，甚至還會喜歡挑戰，把挑戰看成是一種樂趣，也不會害怕挫折和不確定性，因爲他們相信自己有能力解決問題，也相信自己有能力讓未來變得更好。

過去的這一年中，我接觸了不少來找我的諮詢者。雖然大家的問題各不相同，但究其根本，這些問題基本上都是因爲缺乏自信而引起的。

我記得有個諮詢者曾向我諮詢學習方向的問題，她跟我說，她很想選擇一個領域深入研究，但感覺可以研究的東西很多，不知道選擇哪個方向比較好。

我問她：「妳爲什麼想深入研究某個領域？妳想從中獲得的是什麼？它會爲妳帶來怎樣的感受？」

她想了想回答我說：「這會讓我覺得自己很厲害、很聰明。」

緊接著我又問她：「當妳覺得自己很厲害、很聰明的時候，妳會獲得一種怎樣的感受，而這種感受是妳現在沒有的？」

她猶豫了一會兒，然後從嘴裡蹦出兩個字：「自信。」

這個時候，她所面臨的眞正的問題就顯現出來了：她之所以不知道如何選擇，是因爲內心眞正渴望的其實是安全感，是一種「自己夠好」的自信的感覺，正因爲如此，她才會那麼害怕不確定性，因爲她害怕有損失，害怕投入了之後得不到想要的結果。

倘若她沒有自信的問題，那麼損失和不確定性的問題也就不會存在，因爲這時學習就不再是爲了獲得一種「我很厲害、我很優秀」的感覺，而是爲了滿足好奇心，是爲了解答頭腦裡的問題，那麼只要跟著頭腦裡的問題去學習和研究就好了。

說到這裡，我想起了自己的故事。五年前，我做出了一個重要的人生選擇——離開職場，從此開始獨立探索自己的事業方向，按照自己想要的方式去生活。

這並不是一時衝動下的決定，而是深思熟慮之後做出的。我當時心裡非常清楚，離開職場就意味著要面對各式各樣的不確定性，甚至是很長時間沒有收入的風險，但我心甘情願承受，因爲我知道有捨才有得，想要自主的人生，就必須承受這種不確定性所帶來的痛苦。

當然，這種勇氣的背後離不開積極的自我信念做支持。我之所以敢於面對不確定性，是因爲我對自己的能力是有信心的，雖然當時的我並不知道未來的路要怎麼走，也不知道會遇到怎樣的坎坷，但我相信，我一定可以憑能力找到自己的事業方向，過著自己想要的生活。

由此，我們不難發現一種更爲深層的邏輯。

幸福的本質雖然說是痛苦管理，但是痛苦管理依賴的則是積極的自我信念，因爲人只有在自信的情況下，才會不害怕痛苦，才會願意主動選擇痛苦，換而言之，幸福的基礎其實是自信。

關於如何建立起積極的自我信念，這正是本書第二部分想要說明的，幫助你實現最爲關鍵的自我改變。

有一種恐懼叫「我不夠好」

焦慮，這是一個我們越來越常聽到的詞，它似乎已經成了一種普遍存在的社會情緒，幾乎所有人都存在著一定程度的焦慮。有人甚至認爲，這是一個「全民焦慮」的時代。

從本質上來說，焦慮和恐懼其實是同一種類型的情緒，都是大腦感知到了某種即將來臨的威脅或危險而做出的反應。兩者之間最大的區別在於，恐懼通常有具體的物件，當我們感到恐懼的時候，通常知道自己害怕的是什麼。焦慮則不同，焦慮的物件是模糊的，很多時候可能自己都不知道是因爲什麼而焦慮，換言之，焦慮是找不到原因的恐懼。

那麼，大家究竟都在焦慮些什麼呢？

假如我現在給你一張紙，一支筆，讓你把自己心中的焦慮和擔心都寫出來，我可能會得到類似這樣的清單：

害怕做不好

害怕犯錯和失敗

害怕沒有成就
害怕沒有錢
害怕不如他人
害怕被人看不起
害怕家人對自己失望
……

這些焦慮和擔心表面上看起來似乎不同，但其實都可以歸結到一個共同的恐懼，那就是對「我不夠好」的恐懼，比如爲什麼你總是害怕自己做不好，害怕犯錯和失敗？因爲這會讓你覺得自己沒有能力，沒有能力就意味著不夠好。再比如，爲什麼你總是害怕自己沒有錢沒有成就？因爲沒錢沒有成就，就意味著自己是一個失敗者，是不如他人的，是不夠好的。

自尊，你的自我防禦機制

為什麼我們那麼害怕自己不夠好呢？想要理解這種心理，就得先了解自己作為社會動物身上所具有的一種本性——愛比較。

人是典型的社會動物，需要依賴群體而生存。群體的一個重要特徵就是，它存在著嚴格的內部階級。在遠古時代，資源是極其有限的，個體在群體中的階級地位越高，能夠得到的生存和繁衍資源就越多，階級地位越低就越容易被欺負，而且還會隨時面臨被犧牲的危險。

個體在群體中的地位通常由兩個因素決定：一是你和他人的強弱對比，二是他人對你的接納與認同程度。而這兩個因素往往是相關的：你越是比他人強，比他人厲害，他人對你的接納和認同程度就越高，認同程度越高，你的地位就越高。

正是出於這個原因，我們的大腦才會進化出時刻關注他人的本能，因為我們必須了解自己在他人眼裡是不是夠好的，以及自己和身邊的人相比是不是夠好的。只有這樣，我們才能及時確認自己的「地位」狀況，然後想辦法守住，甚至是提升自己的地位，避免不被接納的命運。

這些比較和爭奪大多是無意識的，即使我們不想去比較，大腦也在自動根據各種外在資訊和線索來進行運算，判斷出此時的地位，並透過情緒來給我們「信號」。

這種本能是種心理機制，就是我們平時常常提到的「自尊」。自尊可以說是進化賦予我們的一種自我保護機制，它存在的目的，是爲了讓我們在群體中獲得更好的生存。

這種自我保護機制的存在使得我們無時無刻不生活在比較中，也讓我們總是在意他人的看法。一旦發現自己地位受到威脅，這種心理機制就會引發焦慮、擔憂、嫉妒等等的情緒，這種情緒促使我們想辦法守住自己的地位。

有了對自尊的認知就不難理解那種害怕自己不夠好的心理了。這種擔憂的背後潛藏著這種邏輯：如果我不夠好，他人就不會接納和認同我，得不到接納和認同，我在群體中就是不重要的、沒有地位的，沒有地位就意味著被欺負、被剝削，甚至是被淘汰和犧牲。

曾經有讀者跟我說，她之前聽過這樣一個說法：「只有當你有了房子、有了足夠的錢之後，你才會知道自己眞正想要追求的是什麼。」她問我是不是這樣。

我回答她，這句話只說對了一半，它背後的邏輯是準確的，那就是人必須先解決安全感的問題，才有精力去思考什麼樣的事情是眞正喜歡的，才會去考慮自己的夢想和追求。但是，這句話關於安全感的假設卻是錯誤的，它假設人只要有了經濟上足夠的保障就會有安全感，但事實並非如此，因爲眞正的安全感其實是心理上的安全感，心理上的安全感關乎的並不僅僅是物質，而是自尊，或者說自我價值的確認。

從某種意義上來說，這也許正是我們身而為人的特殊之處——我們不是有吃的、有喝的、有住的就滿足了，我們還需要有價值感，需要知道自己是夠好的，需要被接納、被認同。只有這樣，我們才會在潛意識中覺得自己的生存得到了保障，才會覺得有安全感。

安全感只能自己給自己

說到這裡，你可能會問：「有沒有辦法擺脫這種對『我不夠好』的擔心和害怕，讓自己擁有內在安全感呢？」

辦法當然是有的。

經過前面的分析，我們已經知道了，之所以害怕自己不夠好，本質上是因為害怕喪失地位和價值。其實，這種對價值感的需要本身並沒有什麼不好，反而還有助於自我發展，要知道，正是因為這種強烈的內在需求，我們才會不斷向上、努力提升能力，讓自己成為一個對他人和社會有價值的人。

所以，問題的關鍵並不在於需不需要自我價值感，而在於評判自我價值的標準和方式。

我們總是習慣性地拿自己的表現結果、與他人的對比、他人對我們評價和看法，以及是否達到某種主流標準來對自己進行評判，只有當這些項目都是正面的時候，我們才會覺得自己是夠好的，自我價值感才能得到滿足。

爲什麼這種方式是有問題的呢？很簡單，因爲它依靠的都是我們自己無法掌控的東西：我們沒有辦法控制自己不犯錯、不失敗，沒有辦法確保每次結果都是令人滿意、都是成功的，更沒有辦法控制別人對我們的評價與看法，而且不管我們有多優秀，這個世界上都一定存在著比我們更優秀的人。

毫無疑問，**當我們把自我價值感建立在那些不可控的結果之上時，自然就會因爲這種不確定性而一直活在焦慮和不安之中**，而且一旦結果沒有達到所謂「好」的標準，比如計畫好的任務沒有完成，沒有得到他人的稱讚和認同，或者看到別人比自己好等等，頭腦中就會馬上冒出「我不夠好」的自我否定的聲音，內心的自我價值感也會隨之降低。

我們沒有辦法控制結果，但有個東西是可以控制的，那就是看待結果的方式。如果我們能夠換一個角度去看待那些所謂的「不好」與「失敗」，不把它們視爲對自我價值的否認，而是一次自我成長的機會，把它們與自我提升進行連結，那就不會因爲暫時的不足和失敗而產生「我不夠好」的想法，也不會總是活在「我是不是夠好」的擔憂與焦慮中，而能把更多精力投入在重要的目標上。

當然，這種視角轉換並不是一件容易的事情，它需要有意識地主動對抗那早已根深柢固的自我評判習慣，以及消極的自我信念和消極的思維模式。具體來說，就是要同步訓練三種重要的底層思維習慣：自我慈悲、成長型思維和主動式思維。

自我慈悲，就是要無條件地愛自己，**放棄自我評判的習慣，學會接納此時的不足，不拿這些不足自我攻擊，或者否定自己的價值**，並且能在遭遇情緒困難的時候，懂得善待和愛護自己。

成長型思維，是相信人的能力不是固定不變的，是一直在發展成長的，所以任何不足和失敗都只是暫時，只要願意努力，就能不斷進步和成長，就能朝著想要的方向持續前進。

主動式思維，就是不管遇到怎樣的困難和挑戰，都相信「一定有辦法」，並且會積極主動地尋找解決的辦法。

這三種思維習慣可以說是對抗焦慮與低價值感的法寶。一旦有了這些積極的底層思維習慣，就不會總是因爲自我否定而缺乏自我價值感，也不會總是擔心和害怕自己不夠好，因爲我們知道，自己可以進步，可以變得更好，面對困難與挫折也不會迴避和退縮，而是想辦法突破，再接著繼續往前走。

人性中最難化解的矛盾

中國知名心理諮詢師武志紅曾說過這麼一句話：「人性中最深刻的需求就是讚美，特別是來自權威或者重要的人的讚美。最好的情況是，權威人物對你的期待，和你對自己的期待，正好是一致的，這個時候你的生命力就會自然地成長，沒有多少矛盾。」

武志紅短短的一段話，一方面道出了人性的兩個重要需求：自主需求（或者說「做自己」的需求）以及對認同的需求；另一方面道出了很多人內心難以化解的矛盾與衝突，那就是，到底是選擇「做自己」，去探尋和追求自己眞正喜歡與認同的事情，還是去迎合他人對我們的期待，努力追求主流社會所認爲的成功？

如果選擇「做自己」，那麼就可能必須面對他人的不接納與不認同。對大腦來說，得不到接納與認同意味著自我地位的喪失，將會引發焦慮和不安。但如果想要被接納、被認同，就得依照社會的主流價值觀生活，去追求一種所謂的「更成功」的人生，自主需求可能就無法得到滿足。從表面上來看，這種矛盾似乎是不可調和的，但如果深入分析，我們就會發現，這兩種需求實際上並不存在本質上的衝突。

這是因爲，人性原本就是向上的，不管我們想做什麼，想去追求什麼，目的都是爲了能夠更充分實現自我價值。這種價值的實現是離不開他人的，因爲只有當我們所做的事情對他人有幫助，對社會有貢獻時，自我價值才算是眞正得到了實現。而一旦產生了價值，就一定會得到認同，也會得到相應的經濟回報。

只不過，想要透過這種方式獲得認同與回報，就得先具備相應的實力和專業技能，才能夠爲他人解決實際的問題。實力和能力的積累，毫無疑問都是需要時間的，也就是說，如果你想憑藉自身的實力贏得認同，那麼必然得經歷一段相對比較長的，只有投入卻沒有鮮花和掌聲的日子。

假如你在還沒有足夠實力的時候，就渴望得到他人的接納與認同，那麼唯一的方式，就是按照他人的價值觀去生活，或者尋找一些投機取巧的方式來讓自己看起來很厲害、很成功。說實話，這樣的認同即便得到了，也是脆弱的，因爲隨時可能失去，也很難體會到自我實現所帶來的成就感和幸福感。

其實，那些敢於跟隨內心，去做自己眞正想做的事情的人，並不是不想得到社會的認同，也不是不渴望獲得經濟上的回報，而是因爲他們相信自己的能力，也相信自己做的事情是有價值的，是有意義的。只不過這種價值需要時間累積才能顯現，所以他們並不急著現在就要得到認同，而是願意靜下心來踏踏實實地做事情，不斷累積經驗和實力，靜待自己的價值被看到的那一天。

總而言之，「做自己」和「被認同」這兩個重要需求之間並不存在本質上的衝突，僅僅是在時間上存在差異，要從「做自己」到「被認同」需要累積和探索的過程。如果你想在「做自己」的同時還能在最終得到他人和社會的認同，那不僅需要勇氣，更需要沉得住氣，在別人還不認同自己的時候，靜下心來，先踏踏實實地發展實力。

最後，分享中國學者周國平講過的一段話：

「在為人生確立目標時，第一目標應該是優秀，成功最多只是第二目標，不妨把它當作優秀的副產品。之所以要把優秀放在第一位，因為優秀是你自己可以把握的，成功卻不然。我們說的成功，一般是指外在的成功，就是你在社會上是否得到承認，承認的程度有多高，而最後無非落實為名利二字。這個意義上的成功，取決於許多外部的因素，自己是很難把握的。

一個人把自己不能支配的事情當作人生的主要目標，甚至唯一目標，是很痛苦的，也許最後什麼也得不到，而且我敢斷定，沒有優秀，所謂的成功也一定是非常表面，甚至是虛假的。其實，在開放社會裡，一個優秀的人遲早有機會獲得成功，而且一旦得到，就是真正的成功，是社會承認、自己內心也認同的成功，是自我實現和社會貢獻的統一。」

怎樣的你才能在未來擁有優勢

你有沒有覺察到這樣一種現象：身邊越來越多人開始利用業餘時間拚命學習各式各樣的新知識和新技能？其實，不僅僅是中國，整個世界都掀起了一股學習的浪潮。終身學習，儼然已經成了一種時代趨勢。

這種熱潮的出現，並不是因爲大家突然間都變得熱愛知識和學習了，而是源自於科技飛速進步所帶來的壓力和危機感，正如Google執行長桑德爾．皮查伊所說的：「**那種僅憑一項技能就能一生受用不盡的日子已經不再存在了。**」在這樣的時代背景下，每個人都在爲自身有限的技能和認知而焦慮，彷彿自己馬上就要被這個科技日新月異的社會淘汰。

持續學習無疑是件好事，但問題是，如果學習是爲了更能適應未來，那麼除了強調學習之外，是不是還得思考一下，未來究竟需要怎樣的人才？只有釐清了這個問題，才能知道什麼樣的能力是最爲關鍵的，而不是像熱鍋上的螞蟻一樣焦慮地這裡學學，那裡轉轉。

那麼，未來社會究竟需要怎樣的人才？

曾經有段時間，我非常喜歡收聽一個叫做「工作大未來」的Podcast節目。節目中，主持人雅各·摩根會採訪美國各大公司的高層和不同領域的領袖，與他們探討未來的工作趨勢，當中一個必談話題就是人工智慧對未來工作的影響，以及未來人們需要怎樣的技能。

雖說不少人都擔心人工智慧的發展會導致大量失業，但是幾乎所有訪談來賓都對人工智慧抱持著積極的態度，他們認爲人工智慧實際上會讓人變得更像「人」，因爲它們奪走的都是那些可以被機械化的工作，這使得人們可以專注於那些能夠眞正發揮出「人」的優勢的工作，比如需要創造力的工作，而這些工作大部分還沒有被創造出來。有個來賓的觀點更有意思，他認爲，不是機器即將奪走人類的工作，而是反過來，人類奪走了機器的工作，現在我們只不過是把這些原本就屬於機器的工作還給它們。

在節目的末尾，摩根總會讓訪談來賓給在校學生一些自我發展方面的建議。在這些建議中，我聽到最多的一句話就是：「找到你的激情！」

說實話，我當時聽到這個建議的時候，總覺得有點「雞湯」的感覺，因爲激情這個東西太虛了，說了跟沒說一樣。我們常常聽到類似這樣的建議，但卻沒有人能準確地告訴我們激情到底是什麼，以及怎麼樣才能找到激情。

隨著這幾年的學習和思考，我似乎對「激情」慢慢有了自己的認知和理解，也開始認同「找到你的激情」這樣的說法。不過在我看來，「找到激情」指的並不是找到某件具體的事情，而是找到一種人生狀態。如果用一個簡單的詞來形容這種狀態，我覺得應該是自我驅動。**這種自我驅動的能力，才是未來社會所需人才最爲關鍵的能力。**

爲什麼這麼說呢？聽完接下來的這個故事，你或許就會有所理解了。

從「壞學生」到學霸的逆襲故事

《一刻talks》曾經辦過一期主題爲「未來教育」的演講，邀請了幾位教育領域的專家，共同探討當前教育的境遇與挑戰。當中有個演講令我印象極深，演講者是史丹佛大學女子網球隊前隊長李若琦。整個演講雖然只有短短十幾分鐘，但卻給了我極大的觸動和啓發，因爲它讓我看到了教育應該有的樣子。

李若琦出生在廣東。在幼兒園的時候，她因爲調皮和好動，被老師視爲「以後不會有出息的孩子」，在老師看來，那些聽話、比較乖的孩子未來才更有成就。李若琦的媽媽知道了後，並沒有站在老師這一邊，而是選擇幫她轉學，但是換了一個幼兒園之後，李若琦依然被視爲會影響其他小朋友的壞孩子，得不到老師的公平對待。後來，媽媽索性把她帶去了美國加州。

到了加州之後，李若琦覺得這裡簡直是天堂，因爲這裡的孩子不僅沒有太多作業，還會有很多時間做自己喜歡的事情。就是在那個時候，李若琦第一次接觸到了網球，並愛上了打網球。

此外，李若琦還體驗到了完全不同的教學方式，她印象最深的是，有個學期，老師出了一個任務：要求大家創造一個產品，一個能夠讓自己的生活變得更美好的產品。拿到這個任務之後，李若琦開始思考要做什麼產品。當時有件事情讓她非常苦惱，那就是，打網球的時候有很多球都搆不著（那時的她還只有九歲），她想，如果能夠創造一個更長的網球拍，那麼以後不管對方把球打到哪裡，她都能搆得著了，她的生活就能變得更美好。

當大家各自有了產品想法之後，老師並沒有讓他們馬上開始做，而是說：「你們的想法都很好，但是你們現在對發明創造完全不了解，所以在做產品之前，得先知道發明是什麼，了解一下人類歷史上有哪些偉大的發明和發明家。」於是，老師把全班都帶到了圖書館，告訴大家應該怎麼做研究、寫報告，並要求，只有報告通過之後才能開始做自己的產品。

李若琦很想把自己的產品做出來，所以很快就認眞把研究報告完成了。緊接著，她花了幾天時間去舊家具店找來改造網球拍的工具和材料，最終成功做出一個比原來網球拍長一倍的拍子。

產品做出來了之後，老師又提出了新的要求：只有樣品還不行，你還必須證明你的產品眞的能用，才能得到學分。於是，李若琦便帶著同學們一起到球場做示範，證明這個網球拍的確是可以打球的，而且眞的能幫自己接到更遠的球。

李若琦說，這次經歷給了她非常深遠的影響，讓她學會了如何跟隨自己的興趣和好奇心去主動學習。

十二歲的時候，李若琦的父母發現她在網球上非常有天賦，她自己也特別熱愛網球。但問題是，傳統學校並不支持她花那麼多時間練球。這個時候，李若琦的父母做出了一個大膽的決定，讓她退學，然後跟著遠端教育自己學習。從此之後，李若琦便脫離了傳統教育，在自學的同時，開始全世界比賽。

在談到這段經歷的時候，李若琦自豪地說：「當時的我，雖然在課堂知識的掌握上不如同齡人好，但是我的生存能力、解決問題的能力絕對比他們強，因爲我知道怎麼在陌生的國家換貨幣，怎麼和不同語言的人交流，怎麼找地方住，怎麼安排自己的學習，怎麼安排練球。這些經歷教會了我很多，對我來說，整個世界就是我的課堂。」

可是，脫離傳統教育的她最終又是怎麼進到史丹佛大學的呢？

原來，十八歲的李若琦在打青少年美網的時候，被史丹佛的網球教練注意到了。比賽之後，教練找到她，請她考慮申請史丹佛，因爲史丹佛的女子網球隊是全美最好的。

當李若琦把這個消息告訴身邊的朋友時，大家都開玩笑地說：「一個上沒幾天學的人怎麼能去史丹佛呢？」儘管如此，李若琦對自己還是有信心的，她很想加入史丹佛的女子網球隊，於是開始投注大量精力申請。

申請的過程中，她逐漸意識到，史丹佛眞正看重和想要的，其實並不是所謂的「學霸」，而是能夠集中精力做一件事情，把它做到頂級水準的人。她正是因爲有過這樣的經歷，最後才被史丹佛錄取，而且還拿到了運動獎學金。

進入史丹佛之後，李若琦被選爲女子網球隊隊長，帶領隊伍多次獲得全美冠軍，更了不起的是，在網球訓練和比賽的高強度壓力下，她只用了四年半時間就修完了本科和研究生全部課程。

學習，是爲了解決實際問題

我不知道你聽完李若琦的故事之後會有怎樣的感觸，有些人可能會感嘆：一個曾經被老師認爲「將來不會有出息」，幾乎沒有怎麼在學校念過書的孩子，最後居然能成功地被世界頂級大學錄取。

但對我來說，最觸動我的並不是她最後成功申請上了史丹佛大學，而是她提到的那個創造產品的課程，以及那句：「我的課堂知識雖然不如別人，但是我的生存能力、解決問題的能力絕對比他們強。」因爲這種創造能力和解決問題的能力，正是我們這些在傳統課堂教育中長大的孩子所不具備的。

我非常羨慕李若琦能夠有這樣的學習和成長經歷。我想，如果我們以前接受的教育也是這樣的該有多好，這樣學習就不再枯燥乏味，我們也就不會在學了那麼多年之後，依然不知道自己喜歡什麼，也不知道課堂上學到的那些知識，除了應付考試之外到底還有什麼用，更不會在工作和生活中遇到實際問題的時候，總期待著有人能給我們「標準答案」，卻從不知道主動思考和學習。

從某種程度上來說，我們現在所面臨的種種自我發展的困境，比如不知道自己想要做什麼、找不到意義感，缺乏積極主動的意識和自我驅動的能力，以及遇到問題不懂得如何思考和解決等等，都與我們所受到的那種機械式、填鴨式的應試教育有關。

很多人也許不知道，這種教育模式實際上是工業時代的產物。我們現在看到的大衆教育系統並不是自古就有，而是近代才發展出來的，也就是十八、十九世紀。它的出現本質上是爲了迎合歐洲和美國工業革命主宰時代的經濟利益。這種教育最突出的特點就是強調數學、科學和語言技能，因爲這些是工業時代的工作基礎。

在中國，現代大眾教育發展得更晚，五〇年代才開始，當時中國正處於重新建設國家的時代，急需各領域的專業人才，特別是工程師之類的人才。這就是爲什麼理工科會那麼受歡迎，因爲大家都相信只要學的是理工，未來就不愁沒有工作，這也是爲什麼「學好數理化，走遍天下都不怕」這句話會在學生中廣爲流傳。

正是因爲這些原因，數學、科學和語言技能一直位於學科層次結構的頂部，人文學科次之，最不受重視的就是藝術。在這種環境下，智力被解釋爲一種以語言能力和數理邏輯能力爲核心的整合能力，而且，所有教育系統都以標準化考試爲依歸，以此對學生進行等級劃分，成績成了評判一個人水準優劣的體現。

這種應試教育在工業時代或許是合適的，因爲那時候的工作本身就是標準化和流程化的，工作中的問題基本上也是明確和固定的，你只需要掌握相關的專業知識和技能就把工作做好。

然而，隨著科技的不斷進步和快速發展，整個商業環境都充滿了不確定性，在這種情況下，工作是很難被標準化和流程化的，因爲你遇到的問題大多都是全新的，是沒有經驗可循的，這就意味著工作不再是簡單地執行別人的「解決方案」，而是必須先釐清問題，然後再想辦法解決問題。

遺憾的是，絕大多數人都不具備解決實際問題的能力，因爲我們從來沒有受過相關訓練。我們過去所有的學習都是爲了考試，我們也只會解答那些已經定義好的數學、物理或者化學問題，卻從來不知道學習與解決實際問題有什麼關係，也從來沒有爲了要解決某個實際問題而主動學習和思考過。

說到這裡，我不得不稱讚一下李若琦提到的那個創造產品的課程，因爲這個課程把學習、思考與解決實際問題完美地結合在一起。在這個課程裡，老師透過一個具體的任務，激發了孩子們的好奇心，鼓勵他們發現生活中的實際問題，然後一步步引導他們去研究、思考，並提出解決方案，最後再透過行動和實踐將自己的解放方案變成一個具體的產品。在這個過程中，孩子們不僅獲得了樂趣和成就感，還學會了如何透過思考和行動來解決具體的問題，讓生活變得更美好。

我覺得，這才是教育應該有的樣子，教育就應該是以有意義或有趣的問題爲中心，以此激發我們的好奇心。有了好奇心之後，自主性才會出來，才會有解決問題的動力，才會爲了解決問題而主動思考和學習。透過這種方式學到的知識，就不會是零散和相互孤立的，而是按照它們固有的內在邏輯連結在一起。

但傳統的教育方式卻恰恰相反，我們在學校接觸到的是彼此割裂的學科，學到的都是一些碎片化的知識和公式。這樣的知識對於理解世界和解決實際問題是沒有任何幫助的，因爲**眞實的世界不存在著學科之分，它是一個整體，是一個極其複雜、相互串聯的系**

統，而現實生活中所有的問題都是複雜和多維度的，這些問題是沒有辦法單從一個學科的角度去理解和解決的。

投資界的傳奇人物查理．蒙格有句話說得特別好：「如果你手裡只有一把錘子，那麼你看什麼都是釘子。」的確如此，一個人理解問題和思考問題的方式，必定會受到思維模式的限制。

所謂思維模式，指的是對基礎規律的理解，或者換句話說，就是能夠透過表面現象看到問題的本質。這種能力絕不是牢記一堆孤立的知識點就能獲得的，而必須從系統的角度，理解知識之間深層的連結。只有理解了深層的連結，你才有可能看到更深層次的內涵。

關於教育，北京大學教授裴堅也曾經表達過類似的觀點，他認爲：「教育不應該再強調學習多少具體的學科知識，而是樹立起對學科的認知，以及了解這個學科的發展思路，還有最基本的發展規律。老師教給學生的不應該是如何解答某個具體問題，而是解決方案的設計思路，這是細枝末節的知識點無法解決的關鍵。」

其實，在這個網路科技高度發達的時代，知識本身已經變得越來越不重要了，因爲知識非常容易獲得，隨時都可以在網路上找到。學習，並不是爲了要積累更多的知識，而是爲了解決問題，所以**問題應該是先於學習的。有了問題，我們才知道要學什麼，學習本身**

才有了**實際的意義**。然後，我們才能在一個一個小問題的思考和解決過程中，慢慢找到一些基礎的規律，發展出新的思維方式，並最終擁有解決複雜問題的能力。

但我發現，即便是現在，很多人還是不懂得這個道理。對於大多數人來說，學習和解決問題依然是分開的：學習的時候，頭腦中是不帶任何問題的，僅僅是爲了理解和記住某些知識，而遇到實際問題的時候，不是陷入焦慮，就是選擇逃避，卻不懂得透過主動思考和探索，以及進行相關學習的方式嘗試解決問題。

天賦、能力與成就

如果說讓人失去好奇心和自主性是傳統教育模式的主要弊端，在我看來，另一個重大弊端，就是讓人迷失自我。

回到李若琦的故事，其中還有一個非常觸動我的點，就是她媽媽非常支持她的天賦發展，甚至在學校教育與她的天賦發展出現衝突的時候，做出了讓她退出傳統學校教育，跟著線上教育自學的決定。不得不說，這個決定非常大膽，這或許與她媽媽本身的性格有關，但如果不是因為這個決定，我想李若琦應該很難靠著學習成績進入史丹佛大學，更不會年紀輕輕就在網球上取得那麼大的成就。

當然，我並不是要鼓勵這種做法，也不認為發展天賦就一定要放棄學校教育，而是想說，我們不應該為了所謂的學習成績放棄天賦發展，這兩件事情完全可以同步進行。實際上，天賦發展本身就應該是教育的核心內容，因為我們受教育的目的就是要讓自己各方面的潛能得以發展。

說到這裡，我想解釋另一個問題：是不是小時候有什麼天賦，長大了就一定要靠它「吃飯」，或者只能靠它「吃飯」呢？之所以想談談這個問題，是因為很多家長不願意讓孩子發展某個領域的天賦，是擔心以後沒有什麼前途，或者未來發展的道路太窄。

在回答這個問題之前，我們有必要先了解一下天賦（aptitudes）、能力（abilities）和成就（achievement）之間的區別與關聯。

很多人容易混淆天賦和能力，認為它們是相似的概念，其實不然。天賦代表的是一種天生的原始潛力，是你一出生就具備的，能力則是後天發展而來的，它往往需要透過大量的學習和練習才能獲得。

在某個領域有特殊天賦，僅僅意味著你很容易對它感興趣，而且比大多數人學得更快、掌握得更好，但你依然需要投入大量時間去發展這種天賦，才能把這種天賦轉化成個人的才華與優勢。舉個例子，天生就擅長數學的人不一定就會成爲數學家；天生就善於畫畫的人也不一定就會成爲畫家。

反過來，在某個領域不具備特殊天賦，也並非意味著你就無法擁有相應的才能。只要你懂得如何學習，並且願意努力，同樣可以把它掌握好，只不過相較於那些有天賦的人，必須付出更多的時間和努力。

那麼，是不是有了能力就一定會有成就，一定會獲得經濟上的回報呢？當然不一定，因爲能力只意味著你能把某些事情做得很好，但是想要擁有人生成就，想要獲得經濟上的回報，光有能力還不夠，你還必須把這種能力轉化成社會所看重的、對他人有價值的成果。

這種轉化並不容易，因爲它不是光靠一種或者幾種具體能力就能實現的，而必須仰賴更爲全面的能力，比如理解和思考問題的能力、計畫和執行能力、自我激勵的能力、快速學習和從經驗中反思的能力、深度工作的能力，以及創造力等等。簡言之，它需要我們擁有一種能夠朝著自己心中的某個目標，持續積極探索和行動的精神，這就是所謂的激情，或者說自我驅動的能力。

明白了這些之後，再回到剛剛提出的問題，我們就會發現，天賦的發展和「未來要做什麼」「未來會不會有成就」之間並沒有那麼強的關聯，就像很多人現在從事的工作和大學時期學的專業沒有任何關聯一樣。

既然如此，還有必要去發現和發展自己的天賦嗎？答案是，有必要，尤其是小孩。因爲在我看來，**發展天賦的意義不是爲了找到未來的人生方向，而是爲了找到自我。這種自我，包括了對某個重要目標的執著追求，又包括了能夠讓我們與其他人區分開來的獨特優勢，還包括了一種自信、不爲自卑感所困的人格特質。**

天賦給予一個人的並不僅僅是潛能，更重要的是，在有天賦的領域，你會感受到一種強大的天然熱情，這種熱情會讓你心甘情願地投入大量時間，會推動你不斷朝著更大的挑戰邁進，會讓你勇於面對失敗，即使遇到再大的挫折也絕不退縮。而當你在某個領域投入了大量的熱情和時間之後，你自然就會擁有屬於自己的獨特優勢。

這樣的經歷和獨特優勢對於任何一個人來說都是極其寶貴的，因爲它會爲人帶來清晰的自我認知，亦即知道自己喜歡和擅長什麼；以及成就感和自信，亦即知道自己是有能力、有價值的。這些對於自我的持續成長和發展來說都是非常重要的，因爲當一個人有了自信之後，在困難面前，他就不會那麼容易放棄，而是會竭盡全力把自己想要的任何事情做好。

你有沒有想過，爲什麼李若琦在幾乎沒有正規學校經歷的情況下敢申請史丹佛大學，並且能用四年半時間修完史丹佛本科和研究生的全部課程？原因就在於，她在天賦發展的過程中，已經培養出了實現任何目標都必須具備的基礎能力與精神。

說實在的，現在很多人感到自我迷失和沒有自信，其中一個重要的原因就是在成長的過程中，缺乏這種因爲熱愛而在某件事情上長期投入的經歷，以及因爲長期投入而獲得的成就感與自我獨特性。

最重要的個人資本

最近這兩年，我自己也一直在思考這個問題：未來的人才應該是什麼樣的？我曾經認爲，學習能力、解決問題的能力，以及創造力是未來人才的關鍵，因爲有了學習能力，我們就能跟隨時代的需求不斷自我更新，而有了解決問題的能力和創造力，我們就能把自己的知識和技能轉化成有價值的東西。

然而在李若琦故事的啓發下，我卻有了不一樣的答案，我覺得未來社會眞正需要的應該是有激情、有好奇心和自信的人。

別誤會，我並不是說上述的那些能力不重要，它們當然是非常重要的，只是如果沒有激情、好奇心和自信做支撐，這些能力是很難眞正發展起來的。

就拿學習能力來說，人類的大腦其實天生就具備很強的學習能力，學習可以說是大腦的本能，但問題是，這種能力只有在擁有強大內驅力的情況下，比如在興趣、好奇心的驅使下，才能充分發揮出來。

其實，很多時候孩子學習成績不好，不是因爲他們智力水準不夠或學習能力不強，而是因爲他們不感興趣，他們不知道自己爲什麼要學習這些東西。同樣道理，很多時候我們無法將一件事情堅持學下去，不是因爲我們學不會，而是因爲沒有足夠的激情和動力，或者缺乏戰勝困難的勇氣和自信。

再說說解決問題的能力。解決問題的能力並不是一種單一的能力，它實際上是綜合了思考能力、學習能力和創造力，而這些能力的發展全都仰賴於好奇心與自信：你的頭腦裡必須得先有問題，而且你必須相信自己有能力解決這個問題，才會去思考，然後跟隨自己的思考去研究和學習，等到有了夠多的思考和知識積累之後，才能充分利用自己的創造力，給出答案或解決方案。

遺憾的是，教育原本應該幫助我們保護好這份好奇心，幫助我們在天賦和優勢的發展中找到自信，但事實卻正好相反，教育系統扼殺了太多人的天賦、熱情和好奇心，讓人在標準化的考試和成績排名中逐漸迷失自我。

如今，面對一個越來越不確定的未來，大家都開始把目標轉向學習，想要透過持續學習來跟上時代的步伐，但我認爲，相較於如何提高學習能力這個問題，更值得我們關注的，應該是如何讓自己成爲一個自信的、擁有自我驅動能力的人。只有這樣，我們才不會總是因爲害怕落後而學，轉而變成爲了解決問題而學習，這樣的學習才是眞正有意義的，我們才能以此發展出強大的解決問題的能力和創造力，成爲新時代所需要的人才。

好工作，從來不會從天而降

我想問你一個問題：「你喜歡自己的工作嗎？」我猜答案十之八九是否定的。之所以那麼肯定，是因爲我在寫公衆號的這些年接觸了很多年輕人，也時不時會收到他們的提問，這些問題不少都與職場和自我發展有關，而其中最常見的問題就是「不喜歡自己的工作怎麼辦」，以及「怎樣才能找到自己喜歡的工作」。

每次遇到這樣的問題，我都會反問對方一句：「你覺得自己可以爲他人提供怎樣的價值，解決怎樣的問題？」這個時候，對方通常都會愣住，很顯然，他們從來沒有思考過這個問題。

其實，我的反問當中就已經隱含了我對這個問題的回答，只不過這個回答給予的並不是具體的做法，而是一種全新的視角與思維方式，即從關注世界能爲自己帶來什麼，轉而變成關注自己能爲世界帶來什麼，這種思維不僅對自我發展至關重要，也能幫助我們最終找到自己熱愛的事業，透過做自己認爲有意義、有價值的事情來實現自己的社會價值。

沒人欠你一份好工作

大多數人不喜歡現職的原因是相同的，因爲缺乏自主性和挑戰性，比如無法自主地選擇工作內容，總是要被動地接受很多自己不喜歡做的事情，這些事情單調而重複，無法帶來任何成長。

但是換個角度想想，這實際上是一件非常合理與正常的事情，因爲**聘僱你是讓你來工作的，公司沒有義務讓你開心，或者讓你只做喜歡的事情，更沒有義務爲你提供成長的機會。你和公司之間是一種公平的交換關係——你付出勞動，公司給你相應的酬勞。**

毫無疑問，沒有人喜歡被束縛，也沒有人願意做不喜歡做的事情，我們都渴望自由，渴望擁有自主性，但問題是，自由不是免費午餐，它是有代價的——你必須獨立面對風險，沒有固定收入的風險。比方說，我現在處於完全自主的狀態，但我必須努力想辦法爲自己創造收入，因爲沒有人會每個月發薪水給我。

要知道，成爲公司雇員的最大好處就是不需要獨立面對風險，因爲你不需要去想怎麼賺錢，只需要把安排給你的任務做好就能每個月拿到固定的薪資，還能得到各種福利和保險。

即便公司因爲市場的變動而業績下滑或者虧損，你的收入也不會受到影響，你依然可以拿到那份屬於自己的固定薪資。

不過想要每個月拿到穩定的固定薪資，你就必須爲此交出部分自主權——你必須聽從公司的安排，並且努力完成公司交給你的任務。這個世界是很公平的，有得就必有失。如果想要自由，那就得放棄穩定，直面風險，但如果想要穩定，希望他人爲自己抵擋風險，那就不得不失去一部分自由。

那麼，有沒有更好的選擇呢？能不能在擁有穩定收入的同時，在工作內容和工作方式上擁有更多的自主選擇權，或者能不能在選擇自由的同時，盡可能降低收入不穩的風險？

答案是肯定的，但是這裡有個重要的前提條件，那就是你必須足夠優秀——優秀到不能被忽視，或者換句話說，你必須有無可替代的價值，比如掌握了某種稀缺而寶貴的技能，只有在積累夠多的職場資本之後，你才能得到一些不錯的選擇，然後，你才有可能從中找到更爲適合的，能夠讓你充分發揮自身價值的工作。

想要在某方面有所擅長，尤其是擁有不可替代的價值，這不僅需要時間，還必須主動分析和思考，哪些是能夠爲自己帶來獨特優勢的高價值技能，並有意識地培養和訓練。一旦累積了這些技能所產生的職場資本，便可以用它來獲取工作內容和工作方式上的自主性。

所以，在抱怨工作之前，不妨先問問自己這樣一個問題：「我是否是一個各企業都想爭奪的人才？」如果不是，那就意味著你在職場上並沒有太多競爭優勢，還處於職業發展的起步期。這個時候，你需要關注的不是「我眞正熱愛什麼」，或者「我適合什麼樣的工作」，這樣的思考只會讓你永遠處於不滿和困惑的狀態，而是要問自己：「如何才能讓自己優秀到不被忽視。」

其實，過於在意自己是否喜歡現在的工作，反而會爲自我成長和發展帶來阻礙，因爲這會讓你總是習慣性地關注工作中不喜歡的部分，從而導致長期處於不滿的狀態。初級職位尤其如此，因爲從職責上來說，這些職位不會被分配太多有挑戰性的項目以及自主權——這些是以後的事情。如果你帶著「我要找到自己喜歡的工作」這樣的思維進入職場，那麼分配給你的那些「煩人」的任務，或是在公司官僚體系中遇到的挫折，都會讓你疲於應付。

所以，如果現在的你還沒有優秀到不能被忽視，那麼我建議你不要總是擔心工作是不是眞的適合自己，也不要總是去想自己喜不喜歡這份工作，而是要俯下身子、努力讓自己眞正優秀起來。要知道，沒人欠你一份好工作，好工作是需要自己努力爭取的，而且這個過程不會一帆風順。

起步期：滿足基礎因素

當然，我建議你別過於在意自己是否喜歡現在的工作，並不是說，不管現在的工作怎麼樣都要接受。「不喜歡」其實還可以進一步劃分成兩種類型：討厭（不滿），和不討厭但也不喜歡（沒有感到不滿）。

這種分類方法，源於美國行為科學家赫茨伯格提出的雙因素理論（two-factor theory）。赫茨伯格的理論認爲，一個人對工作是否感到滿意，和是否感到不滿是由不同因素決定的，它們有著獨立的評判標準，也就是說，一個人對自己的工作沒有不滿，並不意味著就對自己的工作感到滿意。

通常來說，「不滿意」都是與一些「基礎因素」有關，比如薪資水準是否足以滿足自己的消費，是否擁有安全舒適的工作環境，是否與上司和同事有融洽的關係等等。這些如果沒有得到解決，你就會對工作產生不滿，但是單有這些還不足以讓你喜歡上這份工作。

那麼，眞正讓我們感到滿意並愛上工作的因素到底是什麼呢？赫茨伯格把這些因素稱爲「動力因素」，它包括：有挑戰性、責任感、個人成長、獲得認同等等。

如果覺得自己不喜歡現在的工作，你可以深入問問自己：不喜歡是因爲沒有滿足感，動力因素沒有得到滿足，還是因爲討厭，基礎因素沒有得到滿足？

如果你是因爲得到的薪水遠低於你的價值，或者實在無法忍受自己的上司，抑或是辦公室政治鬥爭太嚴重而不開心，那麼在這種情況下，你最好選擇離開，重新找一份能夠滿足「基礎因素」的工作，因爲這樣的環境會嚴重影響你的精神狀態和心理健康。

但如果你是因爲「動力因素」沒有被滿足而不開心，那麼在自己還沒有優秀到不能被忽視之前，先實際一點，只要確保此時的工作能夠滿足你的「基礎因素」就好，因爲你現在還沒有資格提出更多的要求，並且停止抱怨，把注意力轉移到實力的累積上。

累積期：創造動力因素

假如你對自己的工作並沒有感到十分不滿，只是沒有滿足感，那就不要想著透過換工作來提升滿足感，而是要從「找到正確的工作」的思維模式，轉到「正確地工作」的思維模式，因爲你此時需要的不是什麼「完美工作」，而是以一個更好的方式來對待現有的工作，然後在工作中努力累積實力和優勢。

不過你要意識到，這個累積和成長的過程不會自然發生，你的能力並不會隨著工作年資的增加而提高——我們見過太多工作很多年，但是能力卻幾乎沒有怎麼增長的人——所以，你必須主動投入精力，有策略地發展自己的能力。

一談到自我成長和能力發展，很多人覺得可能要利用額外的時間去學習某些技能，其實根本不需要。曾經有個朋友找我探討職業發展的問題，她說自己並不討厭目前的工作內容，只是期望薪資能夠再高一些，她目前的薪資與期望薪資之間有一萬元的差距。我說：「很好辦呀，妳就想像自己已經拿到了想要的薪資，只不過每個月交給公司一萬元學費，所以，妳現在就要努力把等值的東西學到手，因為學費不能白交。」

這可不是玩笑話，而是非常實用的建議。

關於個人能力，我們必須意識到這樣一個非常重要的趨勢，那就是未來職場會越來越看重軟性技能，因為很多執行類、技術類工作一定會慢慢被人工智慧取代。那麼，哪些技能是無法被機器替代的呢？主要是一些與非線性思考，比如創造力、思考和解決問題的能力，以及與情感相關的能力，比如情緒管理、溝通，領導力以及表達等等。

從這個角度來說，公司本身就是一個最佳的學習和自我訓練場所，因為商業的本質就是解決問題，公司每天都會有很多問題等著被解決，這就是一種訓練思考能力和創造力的過程。另外，公司裡不可或缺的日常活動就是與人溝通和協作，我們其實可以把每次和老闆、同事溝通，以及每次協作都看成是一次練習自己情緒管理、溝通和表達能力的機會。

如果能嘗試從這個角度看待工作，把工作中遇到的所有困難都看成是學習和成長的機會，那就不會因為得不到滿足感而抱怨工作，接著只要透過主動為自己設定挑戰，就能在工作中獲得足夠的動力因素。

回顧我自己的職場成長歷程，我發現，自己對商業本質、公司管理和營運，以及資本市場的思考和理解都是之前在工作中逐漸積累起來的。

我曾經在幾家規模不同的創業公司工作過，儘管我在公司中只承擔著有限的固定職能，但我卻經常會站在全面的角度去思考公司的商業本質，我會問自己：「我們到底在解決一個什麼樣的問題，我們為使用者和客戶提供的價值是什麼？」我還會觀察公司內部管理和運用遇到的種種問題，然後思考這些問題為什麼產生。此外，我也會閱讀一些商業類的暢銷書來促進自己思考，比如我當時最喜歡的一本書就是黎萬強的《參與感行銷時代》。

雖說我在創業公司幾乎沒有學到什麼成功經驗，然而我卻累積了大量的失敗經驗。後來我才意識到，失敗經驗才是最有價值的，因為它能夠幫助我避免在未來犯下同樣的錯誤。更重要的是，我並不需要為這些失敗付出任何代價。這難道不是最好的商學院嗎？只要能夠轉換一下視角，善於利用現有的機會，我們其實可以在工作中學到很多東西。

除了在工作中訓練那些最重要的軟實力之外，你也可以充分利用工作之餘的時間來提升自己的相關能力。

我自從商學院畢業後的第一份工作起，就一直利用業餘時間做各式各樣的事情：我曾經組建過不同的團隊、創辦過兩個組織，在這個過程中累積了豐富的營運經驗和大量人脈資源，也藉此培養自己的組織能力、社交能力和表達能力。我是最早一批開通公衆號的人，透過長期堅持寫作，我不僅訓練了自己的思考和研究能力，也學會了如何清晰、有邏輯地闡述觀點和想法。

儘管我在業餘折騰的這些副業大多「失敗」了，但我覺得這並不重要，重要的是從中獲得了全方位的自我提升——我把自己訓練成了一個能夠獨當一面的全能型人才，並且累積了讓我足夠脫離企業組織而生存的資本。

等待機遇找上門來

有句話說得很好：「如果你一直專心琢磨『如何才能變得眞正優秀』這個問題，別人自然會找上門來。」的確如此。如果你眞的懂得如何爲自己創造動力因素，並且能夠透過設定訓練任務和目標，不斷提高自己的思考能力、行動力以及與情感相關的能力，那麼你就會發現這樣一個現象：「越來越多機會開始來找你。」這個時候你就不再處於被別人挑選的被動狀態，而是擁有了主動權和選擇權。

當然，這並不意味著你就能很快找到讓你眞正充滿熱情的事業方向，你依然必須透過行動去試錯。說實在的，我並不覺得這個世界上只有一件適合我們做的事情，就像這個世界不存在那個「唯一的人」，你會愛上很多人，這個世界上適合你的人也不只一個，甚至並不少，你最後會和誰在一起取決於你遇到誰。

事業也是如此，你最後會做什麼其實也存在著一定的機遇成分，取決於你遇到怎樣的機會，以及你是否能夠把握住這些機會。事實上，**那些找到人生方向，擁有自己熱愛事業的人，並不是一開始就知道自己要做什麼，他們都是在有了足夠的經驗和能力累積之後，再加上合適的機遇，才找到自己眞正熱愛的事業。**

總之，在找到確定的人生方向之前，努力累積各方面的能力總是沒錯的，畢竟任何職場抱負最終都離不開職場資本的支撐。

成為一個本質主義者

美國思想家塔雷伯在《反脆弱》一書中曾提到這樣一個故事：教皇問及米開朗基羅，他成爲天才的奧秘在哪裡，尤其是他如何雕刻出大衛雕像。米開朗基羅的回答十分簡單，他說：「我只是剔除了所有不屬於大衛的部分。」

無獨有偶，我曾經在Coursera上學過一個課程叫做「設計的法則」（Universal Principle of Design），講師巴特勒（Jill Butler）提到了相同的理念，她認爲，所有偉大設計都有一個共同的特徵，那就是它們都體現了「逐步做減法」（progressive subtraction）的設計原理：優秀的產品設計師會花時間識別出價值不大的功能和特性，然後將這些功能去掉，與此同時強化有價值的功能和特性，把這些眞正有價值的部分做到極致。

這兩個故事聽起來很簡單，但它們卻揭示了一個充滿智慧的深刻道理：**我們只能透過剔除和淘汰那些不想要的，來接近自己眞正想要的。**

假如我們能夠從這個角度來思考人生，內心的困惑自然就會減少很多，因爲困惑大多源於對確定性的執著，因爲我們總想知道「正確答案」是什麼。但問題是，關於未來沒有什麼是確定的，人生既沒有固定腳本，也沒有所謂的「正確答案」。

所以，**眞正的人生智慧並不體現在知道什麼是「對」的，而在於甄別什麼是「錯」的，然後將其剔除**，而眞正有智慧的人也一定是那些能夠坦然接受不確定性，並懂得如何逐步做減法的人。

不過，這裡的關鍵字並不僅僅是「做減法」，而是「如何做減法」，因爲在做減法之前，我們心中首先得有一個屬於自己的評判標準，來告訴我們什麼是好的，什麼是不好的；什麼是值得的，什麼是不值得的；以及什麼是重要的，什麼是不重要的。

不僅如此，我們還得在內心有了答案之後，敢於放棄和淘汰，然後專注於眞正值得的事情上，這些才是最難的。想要做到這一點，我們就得訓練自己，讓自己擁有一種重要的基礎信仰，這個信仰就叫做本質主義。

本質主義不等於極簡主義

很多人可能會把本質主義與極簡主義畫上等號，但在我看來，這兩者並不是完全等同的概念。極簡主義的英文是minimalism，minimal的意思爲極少的，所以極簡主義本質上是對「少」的一種極致追求，而本質主義的英文是essentialism，essential的意思是必要的、極其重要的，所以本質主義關注的是：「什麼是最重要的。」

本質主義絕不是爲了少做而少做，而是主張只做眞正值得做的事情，它要求我們辨別哪些才是眞正重要的，然後剔除一切不重要的事物，只把時間和精力花在值得的事情上。

本質主義的核心在於辨別什麼是眞正重要的。那麼，到底該如何辨別呢？我們首先必須明白的是：「什麼是最重要的」分爲兩種情況。

第一種情況：我們追求的是某種客觀結果，比如公司利潤的增長、個人能力的提升、影響力的擴大等等。這個時候，「什麼是最重要的」由客觀規律決定，能否辨別出那個最重要的關鍵點，取決於我們對客觀基礎規律的理解，對規律理解越準確，判斷也就越準確，就能用更少的時間和精力達成目標。

第二種情況：我們追求的是某種主觀感受，比如幸福感和成就感等等。這個時候，「什麼是最重要的」就不存在某種普遍的客觀規律，而是因人而異，它取決於個人的價值觀，也就是我們最在乎和最看重的到底是什麼。只有當我們的外在選擇和努力方向與內在價值觀相匹配，以至於在自己所認爲重要的、有意義的事情上取得成就時，才會有眞正的幸福感。

不論是哪個層面，想要成爲一個眞正的本質主義者都不是件容易的事情，因爲它意味著，我們必須與自己的本性進行對抗，這種本性包括認知惰性、從眾壓力，以及虛榮心。

我們都知道，思考是一件極其耗費腦力的事情，不管是理解客觀規律，還是深入反思自己的個人價值觀，都必須花費大量精力進行思考，而大腦又是一個「認知吝嗇鬼」，它非常討厭耗費腦力，為了省力，它往往會選擇最舒服、最不費腦力的事情。

對於第一種情況來說，認知惰性是主要的阻礙因素，想要突破，我們就得學會如何思考，並且積極主動地思考。不過，面對第二種情況，我們必須對抗的阻力就更大了，因為它是一種個人價值觀的選擇，而選擇某種與主流價值觀不符的價值觀是件極具挑戰的事情，它會給內心造成非常大的壓力。

這種壓力源自於進化所賦予我們的從眾本能，因為在原始社會，個人主義是一件危險的事情，它會導致我們被群體排斥，所以必須努力保持與他人一致，有了一致的價值觀才能融入於群體之中，才能獲得更好的生存。

不過，我們必須意識到的是，時代已經不同了，社會也變得越來越包容，所以我們完全有能力選擇自己的價值觀和想要的人生，只要突破內心從眾的本能就好。

除了從眾的本能之外，虛榮心也會對思考造成阻礙，虛榮心源於自尊需求，源於我們對他人的認同，以及更高地位的渴望。這種本能會促使我們去追求一些與「面子」有關的目標，比如更高職位、更高收入、更大的房子、更大規模的公司等等，但這些事情很多時候並不能爲我們帶來眞正的幸福感。

明白這些道理之後，我們便能清楚地了解自己的「敵人」到底是誰。不過，知道敵人是誰還不夠，想要成爲眞正的本質主義者，還得訓練對抗敵人的能力，包括：學會問關鍵問題、學會拒絕和放棄，以及學會專注和投入。

關鍵時刻與關鍵問題

所有的本質主義者，幾乎都是從非本質主義者一步步成長過來的，沒有人一開始就知道什麼是眞正重要的，而且通常是在不重要的事情上浪費很多時間和精力之後，才會眞正懂得本質主義的價值與意義。

要成爲本質主義者，我們就得時常問自己這樣一個關鍵問題：「什麼才是最重要的？」不過，我發現大部分時候人們不會主動思考這個問題，除非人生發生了某個特殊事件，比如遇到了突如而來的意外，遭受了重大挫折，導致原有價值體系發生崩塌。我稱這些時刻爲關鍵時刻，這個時候人們通常會對自己的某些信念和價值觀產生質疑，並開始向內反思。

這些時刻也許是非常痛苦的，但同時也是極其寶貴的，如果能夠好好把握這些關鍵時刻，我們就能深刻明白，對自己來說眞正重要的到底是什麼，並依此重塑價值觀，然後把注意力轉移到眞正值得的事情上。

事實上，我就是在這一次又一次的關鍵時刻中慢慢成長起來的。過去這些年，我經歷過很多次艱難的關鍵時刻，每當這個時候我都會問自己：「到底什麼才是最重要的，我眞正想要的是什麼？」這一次次的自我反思，讓我學會了直面自己的虛榮、脆弱和恐懼。我發現，只有戰勝它們，才能聽到內心最眞實的聲音。

我在成長過程中遇到的第一個關鍵時刻，是一次嚴重的人際關係危機。那個時候，我正處於人生的巔峰期，創辦的社交組織非常成功，這讓我變得小有名氣，甚至有些自我膨脹。然而，當時的我還並不了解人際關係複雜的一面，所以面對突如其來的指責、閒言和背叛，完全不知所措。這時我才意識到，原來那些讓我引以爲傲的關係和人脈竟然如此脆弱。

儘管很傷心，但這件事情卻爲我帶來了深刻的覺悟，我告訴自己，不應該再把精力浪費在這些脆弱的人際關係上，而該投入穩定不變的、自己可以掌控的事情上。於是，我選擇退出一手創辦的社交組織，停止一切不必要的社交，並把所有精力都投入在自己身上。我開始讀書、思考和寫作，開啓了自媒體之路。

現在回頭來看，若不是當初那次人際關係上的危機，我可能不會意識到自我投資的重要性。事實證明，這種轉變是非常明智的，因爲**在現今這個時代，認識誰已經沒有那麼重要了，你是誰才是最重要的。**

我遇到的第二個關鍵時刻，是在自媒體路上經歷的一次嚴重失誤——我曾經在認證微信公衆號的時候，不小心把公衆號名字「Susan Kuang」換成了公司的名字「XXX有限公司」。這是一個不可逆的錯誤，我當時只有兩個選擇：要麼放棄個人品牌，以公司的名字繼續營運，要麼放棄累積了一年的粉絲，從零開始。我心裡很清楚，個人品牌是非常重要的，但我卻無法捨棄辛苦經營了一年才好不容易累積下來的粉絲。

當時，我問自己：「這些粉絲眞的有那麼重要嗎？」提出這個問題之後，我很快就意識到，其實眞正重要的不是這些粉絲，而是文章所體現出來的精神和思想，他們是因爲內容而選擇關注我的，只要這些還在，就算是重新開始，有認同感的人還是會被重新聚集起來的。明白這個道理之後，我便毫不猶豫地選擇了重新開始。不僅如此，我還放棄了在營運上的投入，把所有精力都放在內容的創作上，開始堅持原創。

我遇到的第三個關鍵時刻，是思考著是否要徹底離開職場，成爲獨立創業者的那幾天。不得不承認，當初提出辭職的確有一部分衝動的因素，所以當時的我並沒有完全做好離開職場的心理準備。

儘管我有足夠支撐自己好幾年的積蓄，暫時沒有經濟上的壓力，但是突然失去穩定的收入，還是會讓人感到有些不安和脆弱。這種不安使得我產生了很多擔憂，我甚至開始想像一些極端事件，比如我當時最害怕的事情，就是自己突然罹患絕症卻沒有足夠的錢醫治。

就在我開始猶豫是否眞的要堅持這個決定的時候，一個好友跟我說了這樣一句話：「沒有錢治，那就不治了吧！」這也許僅僅是她的一句玩笑話，但卻讓我從死亡的恐懼中走了出來。就在那一瞬間，我突然意識到，**眞正可怕的其實不是死亡，而是當死亡來臨，我們才發現，竟然從未以自己想要的方式活過。**

那一次的思考讓我建立起了屬於自己的生死觀，我告訴自己，眞正重要的不是活著，而是沒有遺憾地活著，雖然我沒有辦法選擇生命的長度，但我卻可以選擇如何度過這有限的生命。從那之後，我便開始拒絕爲他人而活，拒絕被主流價值觀綁架，並把「沒有遺憾」定爲最重要的人生信念。就這樣，我成了自己人生的主人，並且提前過著自己想要的生活。

我遇到的第四個關鍵時刻，可以說是迄今爲止最痛苦的一次經歷。那一次，我眞的以爲我會失去媽媽，失去這個爲我帶來過如此多歡樂與愛的家。值得慶幸的是，在經歷了一段不堪回首的痛苦磨難之後，我們又重新擁有了曾經的一切。這種失而復得的幸運，讓我們對如今擁有的一切都倍感珍惜，也讓我有了非常強烈的責任感。我決定不再把陪伴父母這件事情推到未來，而是現在就去做。

我花了整整一年的時間陪伴他們，共同度過了許多美好的時光。即便之後因爲事業發展的需要，我還是得與他們分開，但我每天都會花時間和他們通話聊天，讓他們覺得女兒就在身邊，而且我每季都會回家看他們。

不得不說，在我的整個成長過程中，「什麼才是最重要的」這個關鍵問題扮演了至關重要的角色。它就像一個潛伏在身邊的智者，每當我迷茫的時候，總能跳出來給我方向和力量。如今，我已經把它內化成了自己的思維習慣，所以在生活和工作中很少糾結，因爲當你清楚了什麼才是最重要的之後，不管面對怎樣的選擇，答案都是十分明確的。

不是確定的YES，就是肯定的NO

不過話又說回來，明白了什麼是眞正重要的，並不意味著我們就眞的能把時間和精力都花在這些重要的事情上，因爲我們每天都會遇到各式各樣的邀請、請求，甚至是看似不錯的機會，我們也很可能會因爲經不起誘惑，或者害怕失去而接受。除此之外，有些事情就算不値得再投入，我們也可能會因爲已經付出了很多精力而不願意放棄。所以，成爲本質主義者的另一個重要技能就是學會拒絕和放棄。

只有學會拒絕，我們才有可能成爲想要成爲的人，擁有想要的生活。因爲拒絕賦予我們自由，讓我們免於瑣事的干擾，專注於更有效、讓我們更健康和更快樂的事情。然而，大多數人總是因爲不懂拒絕和放棄，而讓自己時常陷入各種悔恨或者不重要的瑣事之中。

人們不懂得如何拒絕往往出於這兩個原因：第一，被誘惑所吸引；第二，害怕失去。其實，只要轉變一下看待問題的視角，就會發現拒絕並沒有那麼難。

先說說誘惑。生活中，我們經常會遇到一些看似不錯的機會。對這些機會說不之所以困難，是因爲我們想到的都是這些機會可能帶給自己的好處。然而，很多人沒有意識到的是，所有機會都是自帶成本的，因爲時間和精力是有限的，把時間花在一件事上就意味著失去做其他事情的機會，而那些事情說不定能帶來更大的收益。所以，我們在考慮機會的時候，一定要想想自己必須爲此付出和犧牲什麼，這些犧牲到底值不值得。

舉個例子，我經常收到課程或者分享的邀請，這些機會可能可以爲我帶來一些收益，但是我必須爲此花費很多時間，這些時間原本是計畫用來思考和寫作的。我自己清楚，現階段最重要的事情就是創建一套關於自我成長的理論和實踐體系，這是我未來事業的根基，也是此時我可以做的，能夠爲我帶來最大收益的事情。爲了眼前的小利益而犧牲未來的長遠利益是非常不明智的。所以，面對這樣的邀請我都會毫不猶疑地拒絕，或者是推遲合作。

關於怎樣拒絕誘惑，有兩個策略可以幫助我們。第一個策略就是，不管面對什麼樣的邀請或機會，我們都把頭腦中的默認回覆設定爲「不」。如果可以找到足夠的理由來說服自己把「不」改爲「好」，那麼才接受。第二個策略就是，如果面對一個邀請，我們心存猶豫，那麼就千萬不要接受。記住這句話：**「如果答案不是一個確定的YES，那麼就應該是一個肯定的NO。」**

再說說失去。除了誘惑之外，很多時候我們接受某個邀請或者請求，其實是因爲害怕失去，擔心拒絕之後，會失去這段關係或者某種有價值的東西。這種情況我們應該怎麼辦呢？事實上，我們完全不必爲此擔心。首先，這段關係如果會因爲你的拒絕而受到影響，那麼這段關係本身的意義就不大。其次，個人的品格和才能才是吸引他人的關鍵，只要你擁有這些，那麼就一定會有很多人願意與你建立關係，根本不用擔心失去。而且，拒絕有時反而會讓他人更加尊重你和你的時間，因爲懂得拒絕的人一般都是很有原則、懂得管理時間的人。

關於失去，我非常喜歡陳果導演的一句話，他說：「人的成熟和強大，恰恰在於培養起了這樣一種能力，那就是學會承受失去的能力，然後承受完這種失去，再帶著這種失去繼續生活，繼續去創造美好。」人這一輩子的時間和精力是有限的，只有懂得捨棄，我們才會懂得專注，才不會把寶貴的時間浪費在糾結上。

如果說拒絕的意義在於不輕易做加法，那麼**放棄的意義則在於明智地做減法，它們本質上都是對時間更合理的利用。**關於時間，每個人都應該建立這樣一種思維意識，那就是，時間是我們最寶貴的資產，而我們做的每一件事情都是有時間成本的，所以，必須確保這件事情是眞的值得花時間去做的。一旦建立了這種意識，就會更珍惜自己的時間，並且會經常反思做某件事情的意義。

當然，在我們還不知道哪些事情值得自己付出時間和精力的時候，廣泛的嘗試是不可或缺的，但是如果我們意識到了某件事情是不值得做的，那麼就得立刻停止和放棄，千萬不要因爲已經付出了那麼多精力而猶豫不決，更不要爲了堅持而堅持，要知道我們可以利用因爲放棄而節省下來的時間來做更有意義的事情。

爲數不多的人和事

美國知名作家馬克．曼森在《管他的》一書中寫過這樣一段話：

「最終，想要過上重要和有意義的生活，唯一的方法是透過拒絕一些選項來縮小自由度，承諾對一個地方、一種信念或一個人負責。想要眞正欣賞某件事情，你必須投身其中。只有當你數十年如一日地投入某種關係、某個工藝和某項職業生涯中時，你才會獲得某種程度的快樂，並領悟到其中的意義。年輕時追求經驗的廣度是必要和可取的，畢竟你需要走出家門，看看哪些事情值得你付出時間和精力。但金子總是被埋在有深度的地方，你必須將精力集中於某件事情，並深入挖掘才行。這點對一切都適用，人際關係、職業生涯，及形成良好的生活方式。」

我非常欣賞曼森的這段話，因爲在我看來，這段話道出了自我探索和本質主義的核心意義。我們在年輕的時候不斷探索，先做加法，再做減法，爲的不過是找到那爲數不多的，自己眞正想要給予承諾的人和事。

說實在的，我們眞的沒有必要做太多事情，也不需要擁有太多，因爲更多並不總是意味著更好和更幸福，恰恰相反，眞正的幸福往往來自於更少，但是更專注和更投入，因爲專注和投入才是幸福的關鍵。

從這個角度來說，自我探索的最終目的不是爲了擁有隨心所欲的自由，不是爲了想做什麼就做什麼，而是爲了能夠自我約束，不是爲了更多，而是爲了更少。在這個過程中，本質主義無疑扮演著十分關鍵的角色。

Chapter
2

重塑你的底層信念

當我們學會了接納，學會了放下內心的控制欲，允許一切如其所是的時候，我們的精神能量就能從那些無止盡的思維反芻，以及因而產生的負面情緒中釋放出來，把更多精力投入在那些真正有意義的思考和行動上，去解決那些可以解決的實際問題，去實現那些可以實現的目標。

擺脫無謂的自我內耗

艾拉是我一位很要好的朋友。有一次，我到艾拉家做客，聊天的時候，她跟我談到了最近情緒上的一個困擾。她說下週要去做個檢查，檢查的過程會非常痛苦，她又是一個對痛特別敏感的人，所以最近因爲這件事情一直處於焦慮和害怕之中。

她問我該怎麼辦。

我問：「這個檢查是不是一定要做的呢？」

她說：「是的，一定要做。」

我說：「那很好辦，既然這個痛苦是必須要經歷的，那就接受它，告訴自己我願意承受這個痛苦。接受它之後，你就不會再感到焦慮和害怕了。」

艾拉的困擾，讓我想起了村上春樹在《關於跑步，我說的其實是……》裡說過的一句話：「痛苦無法避免，但苦難可以選擇。」

村上春樹的這句話明確區分了生活中的兩種痛苦。第一種痛苦，稱爲pain，它是我們眞實感受到的痛苦，這種痛苦包括身體上的痛苦，也包括心理上的痛苦，比如遭遇損失時的痛苦、被他人拒絕時的痛苦、失敗時的痛苦等等，這些痛苦都源自於本能的情緒反應，是我們避免不了的。

除此之外，還有另一種痛苦，稱爲suffering，我們可以把它理解爲一種心靈上的折磨，它是眞實痛苦產生之後，我們因爲抗拒而所產生的痛苦情緒，它源自於對痛苦的抗拒，這種痛苦並不是必須的，是可以避免的。

眞實的痛苦持續的時間其實並不長，因爲任何一種本能情緒產生之後，只要我們別緊抓著不放，它自然會消失。持久的痛苦往往屬於第二種，是因爲我們對現實的抵抗而產生。

舉個例子，當他人對我們不友好時，我們會很自然地感到心裡不舒服，這是一種本能反應。如果我們接受這個事實，並告訴自己：「沒有人有義務要對我好。」那麼這種不舒服的情緒很快就會消失，但是如果我們不接受現實，非得在心裡不停地想：「他爲什麼對我不友好？他憑什麼對我不友好！是不是我不夠好呢？」那麼這種不舒服的情緒就很有可能演變成對對方的憤怒，或者是對自己的懷疑和否定。只要我們頭腦中的這些念頭不消散，這些情緒就不會消失，就會持續地影響著我們。

說實話，這些我們在頭腦中反覆琢磨的問題通常是沒有明確答案的，因爲它們往往是關於他人想法的猜測、關於已經發生的事情的憤怒或悔恨，或者是關於未來的擔憂。比如我們總是會去想：「萬一……怎麼辦？」「如果……怎麼辦？」心理學家把這個反覆琢磨的過程稱爲思維反芻。

思維反芻一詞源於我們日常觀察到的一種現象：有些動物會把吞嚥下去的食物返回嘴裡慢慢咀嚼，然後再緩緩嚥下。這種反覆咀嚼已經吞下去的食物的現象就和我們在頭腦裡反覆琢磨一件已經發生，或者某種我們控制不了的情況的狀態很像。

然而，不管是他人的行爲和想法，還是未來尚未發生的事情，抑或是過去已經發生的事情，這些都不是我們可以掌控的，即便在腦海裡琢磨一萬遍，也沒有辦法改變什麼。這樣的反覆思考其實是毫無意義的，屬於一種自我內耗，因爲它無法產生任何有效的行動，反而會不斷強化消極想法和負面情緒，讓我們感覺更糟糕。當這種情況越來越失控，思考者就會像陷入泥潭一樣，不可自拔，甚至還會發展成臨床上的憂鬱症。

說到這裡，你可能會問：我們爲什麼總是喜歡反覆琢磨某些問題呢？這其實和大腦的一個重要特點有關，我們的大腦是非常厭惡衝突的，這裡所說的衝突指的是現實和期待之間的衝突，也就是現實和想要的不一樣。

只要存在衝突，大腦就會感到不安和痛苦，就會想盡辦法消除這種衝突。假如這件事情是我們根本無法控制或改變的，那麼思維反芻就會發生——我們就會翻來覆去地思考這個問題，不斷折磨自己。

可見，**思維反芻之所以會發生，根源就在於我們在用一種錯誤的方式消除衝突，**

那就是想要操控和改變現實，這當然是消除不了的。實際上，對於這種類型的衝突，消除的辦法只有一個，那就是選擇接納，不再抗拒，也不再執著於頭腦中那些「不應該這樣」「不希望這樣」的想法。

對艾拉來說，她的情緒困擾就是屬於第二種痛苦，是一種毫無意義的內耗。事實上，只要她能夠放棄對檢查將會帶來的痛苦的抵抗，焦慮和擔心就會消失，儘管她依然要遭受檢查的痛苦，但至少可以不用在檢查前因爲抗拒而飽受精神折磨。

如果懂得區分這兩種痛苦，就會發現，生活中的大部分痛苦都是可以避免的，它們本質上都來自於執念，是當現實和理想不一致時，我們不接納現實所導致的，就像張德芬在《遇見未知的自己》裡所說的：「人會受苦的最大原因，就是抗拒事實。」

當我們學會了接納，學會了放下內心的控制欲，允許一切如其所是的時候，精神能量就能從那些無止盡的思維反芻，以及因此而產生的負面情緒中釋放出來，我們也就能把更多精力投入在那些眞正有意義的思考和行動上，去解決那些可以解決的實際問題，去實現那些可以實現的目標。

人生最大的痛苦，是與自己的對抗

如果說人生的痛苦主要來自對事實的抗拒，那麼你知道人生最大的痛苦來自對什麼的抗拒嗎？答案是，對自我的抗拒。

從去年開始，我因爲開始做個人諮詢，接觸了不少在行動力上存在困難的人。在與這些人的溝通和交流中，我發現，雖然大家面臨的問題各不相同，但這些問題背後都有一個共同的根源，那就是對自我的批判和不接納。

舉幾個常見的例子：

・對自己的期望和要求很高，總是喜歡給自己一些不切實際的目標和任務，只要這些任務沒有完成，或者沒有達到預期的結果就會非常內疚，對自己感到失望。

・一件事還沒有開始做，就覺得自己做不好，對自己沒有信心，於是便開始拖延，遲遲沒有辦法邁出行動的步伐，這種拖延行爲又會導致自責，使得自信心進一步下降。

・總是在參加各式各樣的課程，卻都沒有什麼實質的收穫，似乎一直處於低品質勤奮的狀態。這種狀態讓自己感覺焦慮不安，但又不知道怎樣才能走出這種不努力就會自責，想努力又找不到方向的困境。

．很自卑，不喜歡自己，覺得自己哪裡都不好，哪裡都不如別人，儘管有的時候也很想讓自己變得不一樣，但似乎對什麼事情都提不起興趣，也沒有辦法將任何事情堅持下去。

在前面的內容裡，我提到，每個人都對自我價值感有著強烈的需求——我們必須確認自己是有價值的、是夠好的，這是我們安全感的來源。然而，在這些例子中，所有人都對自己存在著不滿，覺得自己不夠好。這種「我不夠好」的感受，與「我想要自己夠好」的渴望之間就會形成衝突，這種衝突讓人感到痛苦。

問題是，「我夠不夠好」這件事情到底是誰告訴我們的呢？

我的一個朋友曾經非常沮喪地跟我說，她覺得自己好失敗。我問她為什麼會這麼想。她說自己三十多歲了卻還沒有買房，還得租房子住，覺得很丟臉。我安慰她：「這有什麼丟臉的呢？房子不管是買的還是租的，本質上都是為了解決住的問題，有錢買就買房住，沒錢買就租房住，只要妳覺得租房住沒問題，那它就不是問題。」

我們總以為自己擔心的是別人對我們的看法，但實際上，那個「別人」不是其他人，正是自己，正如張德芬的那句：「**親愛的，外面沒有別人，只有自己。**」說實在的，如果不是過於在意的話，別人怎麼想根本無法影響到我們。

我們之所以總是覺得自己不夠好，自我價值感很低，就是因爲腦袋裡住著另一個苛刻的自己，他（她）總是喜歡拿各種好與不好的標準來評判我們，拿我們的過錯、失敗、缺陷和不足來指責我們。只要這個苛刻的、自我評判聲音不消失，自我價值感過低的問題就沒有辦法得到解決，因爲我們永遠都不會對自己感到滿意。

很多人沒有意識到，人生中的很多痛苦和不開心實際上都是自己導致的，是源於我們對自己無情的評判、指責和攻擊，以及與自己的對抗。然而，這些痛苦是完全沒有必要的，因爲我們是有選擇的，我們可以選擇放棄評判和指責，然後學會接納自己，與自己和解。

爲什麼要對自己如此苛刻

有的人可能會擔心，接納自己之後會不會變得懈怠，從此失去鬥志，不再努力呢？這種擔憂正好解釋了自我批評存在的理由——爲了督促自我進步，避免落後。

用批評來促進行動，其實就是一種典型的「胡蘿蔔與棍子」的做法：做得好就給予讚揚和獎勵，做得不好就給予批評和打擊。從某種意義上來說，自我批評就像是我們揮舞在手裡的一個「鞭子」，只要做得不好，就抽自己一下，讓自己感到羞愧和痛苦，為了避免這種痛苦的感受，就會不停地努力。這聽起來是不是像極了小時候父母教育我們的方式？

毋庸置疑，把批評作為激勵手段，在一定程度上是有效的。否則，就不會有那麼多家長和老師都這麼做。如果自我批評真的有效，那麼奏效的原因只有一個，就是恐懼。

但問題是，把恐懼當作動機存在著致命的缺陷：一方面，對於犯錯和失敗的恐懼會帶來焦慮情緒，焦慮情緒會破壞前額葉保持工作記憶的能力，使得我們無法集中注意力，思考能力受阻，學習和工作能力與效率也會因此受到嚴重影響。關於這一點，我們每個人都應該深有體會，無論是考試、比賽，還是當眾演講，只要害怕失敗或負面評價的恐懼占據了內心，表現就會受到很大的影響。

另一方面，自我批評會損害自信。如果我們總是用一些苛刻的標準來評判自己，就會經常因為達不到滿意的要求而產生消極的自我情緒，這些情緒累積多了之後就會變成消極的自我信念。消極的自我信念一旦形成，就會傾向於用否定和懷疑的態度看待自己，這會使得我們越來越不自信，甚至是討厭自己。

還有更為重要的一點，那就是，自責與自我批評會導致嚴重的內耗。我相信你一定有過這樣的體驗：當你因爲某事一直擔心或者自責的時候，會覺得自己的能量特別低，根本沒有精力去做其他事情。爲什麼會這樣？原因就在於，你的精神能量都被無法消除的內在衝突消耗掉了，而我們每天的精力是有限的，如果大量的精力都被內部消耗了，那麼能夠用在外部行動上的精力自然就少了。

同樣道理，當我們總是抓著自己的過錯、不足和缺點不放，或者總是陷在「我不夠好」的自卑情緒的時候，就會因爲自我內耗太嚴重而無法關注眞正重要的事情。假如這個時候，我們能夠選擇原諒自己，選擇接納自己的缺點和不足，那麼精力就能從內耗中釋放出來。

所以，並不需要擔心自我接納會不會導致自我懈怠，因爲自我接納眞正的作用，是幫助我們從無謂的內耗中解脫出來，只有這樣，才不會總是把寶貴的精神能量浪費在自責、自卑，以及自我懷疑和打擊之上，而能把精力用在有益的方面，比如對重要目標的追求。

事實上，我們大可不必用「胡蘿蔔與棍子」的方式逼迫自己，因爲自我進步並不一定非得透過自我批評和苛刻的自我態度來實現，而是完全可以透過善待自我的方式來獲得。

我們都知道，避免痛苦和追求快樂是行爲背後的兩大核心動機——我們會因爲要避免痛苦、避免自責和羞愧而行動，也會因爲想要追求成長的快樂、追求心中的夢想而行動。

其實，一個人之所以不想努力，甚至什麼都不想做，根本原因在於對自己缺乏信心，對未來缺乏掌控感，感覺看不到希望。一個人若是對自己和未來充滿信心，那麼他就一定會想要尋求挑戰，想要在挑戰中不斷發展自己的能力，這是人性的基本需求，也是幸福感的重要組成元素。

哈佛教授魏思炯在《策略IQ》說過這樣一段話：「人類生來好奇，總是在探索中進步，希望改善當前的行爲，同時也會因爲新想法而歡呼雀躍。不斷求索進步是人類的本性，但這種本性也會因爲恐懼和缺乏安全感而徹底被壓制。」

的確如此，成長和進步本身就是一種快樂，因爲我們天生就有很強的好奇心和探索欲，喜歡在挑戰中獲得成長。如果我們想讓這種天性和潛能得到釋放，就得先讓自己從自我批判和自我否定的聲音中解脫出來，學會鼓勵和善待自己。

改變從自我慈悲開始

說到自我評判的聲音，大家應該不會感到陌生，每個人幾乎都曾有過。這種聲音通常源自於成長過程中，我們遭受到的他人對我們的評判與批評，比如父母、老師，以及任何重要的他人。久而久之，這種評判與批評行爲便內化成了習慣。

說到這裡，我想聊聊自己的故事。生活中，經常有朋友說很羨慕我現在的狀態，然而大家不知道的是，十年前的我完全是另外一個模樣。我曾經有很長一段時間都過得非常不開心。不開心是因為我對自己的要求很高，而且把輸贏看得很重，我必須看到自己是優秀的，最好是比身邊人都優秀。為此我非常努力，但問題是，不管多麼努力，我似乎都無法對自己感到滿意。

即便是後來我拿到了全額獎學金到美國念書，在學校也一直保持著優異的成績，並且成為了優秀畢業生，我依然覺得自己不夠好，甚至有種隱隱的自卑感，而且內心一點都不快樂。關於未來，我十分迷茫，沒有方向，儘管我非常渴望成功，但在內心深處，我卻根本不相信自己有能力成功。

直到最終走出了這種狀態，我才逐漸意識到，我過去那種既要強又自卑的性格，其實來自於家中「權威」長期拿我和他人比較所造成的自尊心的傷害，而我卻在不知不覺間繼承了這種習慣，繼續傷害自己。這時我才發現，原來我那麼努力，那麼要強，不過是為了向那些曾經看不起我的人證明我的價值，不過是為了找到一種優越感，以此來彌補我內心的缺失。

我最終能夠擺脫自我評判的習慣，得歸功於一本書——《創作，是心靈療癒的旅程》。

十年前，我剛剛在美國完成了ＭＢＡ學業。畢業之後，我得到了俄勒岡州政府的一份分析員的工作。相較於之前的商學院生活，在政府工作實在是太清閒了，沒有什麼壓力，更沒有什麼挑戰。這讓我很不習慣，於是我就想，我應該利用業餘時間做些什麼，為生活增加一些樂趣和挑戰。這個時候，我突然想起來年少時最重要的愛好——繪畫。於是，我為自己報名了一個繪畫課程。

正是在繪畫課上，我遇見了這本書。老師推薦這本書的時候，跟我們說，這是一本幫助藝術家重新找到自我的藝術療癒書籍。我心想，這聽起來好像正是我需要的，說不定它能幫我擺脫心中的迷茫和不自信，找回年少時的創造力與激情，於是我趕緊上網買下了這本書。

拿到書之後我發現，它其實是一個為期十二週的自我學習課程，每週都有一個練習，其中有一個練習就叫做Morning Pages（中文翻譯為「晨間日記」，之後的自我管理工具——晨間日記就是從這個練習演變過來的），這個練習幫助我完成了最重要的自我蛻變。

Morning Pages，簡單來說，就是一個寫作練習，它要求早上一起床就拿出紙筆寫三頁日記。不過，這並不是什麼正式的寫作，而是非常隨性，不需要太多思考的。它更像是一種私密的自我對話，讓我們透過書寫的方式將自己內心的感受、情緒和想法表達出來。

讓我感到意外的是，才開始這個練習沒多久，我就已經能夠感受到它為我帶來的改變——我開始關注自己的內在感受了。說實話，我以前從來沒有關注過自己內心的感受，更不懂得如何表達自己的感受，但是當我嘗試著將情緒用文字的方式呈現出來之後，我漸漸發現，那些自卑、羞愧和恐懼情緒的背後，其實是對愛與被認同的渴望。

隨著自我理解的加深，我和自己的關係也開始慢慢發生變化，我不再像以前那樣苛刻地對待自己，而是把自己當成朋友一樣看待。這樣的變化讓我感到欣喜，因為它讓我體會到了很久沒有的和諧與快樂。

為了徹底改變和自己的關係，我在原有練習上做了一些調整，我把Morning Pages變成了一種自我對話，在對話中，我把自己分成兩個角色，一個是我的內在小孩，另一個是理性的自我。

對話通常包含兩部分，我會先以一種理解和關愛的方式，說服內在小孩把感受表達出來，比如我會對自己說：「寶貝，我知道妳現在有點難過，因為妳覺得自己今天在工作上表現得不好……」透過這種方式，能讓內心的情緒得到充分釋放。緊接著，我會引導她從更加積極的角度看待問題，比如把這件事情看成是一種學習和成長的機會。最後，我還會毫不吝嗇地鼓勵和稱讚她，給她愛的力量。

我花了整整半年的時間，每天用這種形式和自己進行對話。半年之後，我看到了翻天覆地的變化，我感覺自己就像變了一個人似地，每天都活得非常開心和積極，內心深藏了很多年的自我評判的聲音也完全消失了，最重要的是，我學會了愛自己。

後來我才知道，這種做法就是典型的「自我慈悲」。也就是當我們遭遇痛苦情緒的時候，比如內心受到了傷害，遇到了挫折，對自己表現不滿意，或者討厭自己的某些不足和缺點的時候，學會用友好的方式理解自己此時的情緒，給予自己關懷與鼓勵，就像對待深陷痛苦的好友一樣，而不是雪上加霜地評判和指責自己，加重內心的痛苦。

「自我慈悲」這個概念是由奧斯汀德州大學的克莉絲汀．聶夫教授提出來的。它被證明是幫助我們提高自尊水準，擺脫無價值感，以及停止無休止的自我評判的最佳方式。不僅如此，它還能幫助我們更能應對各種不良情緒，降低負面情緒帶來的行動阻力，甚至還能幫助對抗焦慮症和憂鬱症。

尊敬「一事無成」的自己

雖然「自我慈悲」的好處是顯而易見的，但是要眞正做到「自我慈悲」卻並不容易，其中最大的挑戰就是自我接納。

自我接納之所以那麼難，是因爲我們的大腦天生就愛比較。心理學家岳曉東在《走進哈佛大學心理諮商室》一書中曾說過這麼一段話：「人是活在相互比較的感覺中的。這種比較既可以帶來自信，也可以帶來自卑。當它帶來自卑時，負面的自我肖像會慢慢形成，久而久之，自我形象開始歪曲，認知、情緒和行爲開始失調。」

不得不說，這句話實在太眞實了，這種相互比較的感受我們每個人應該都深有體會，而且也一定都在相互比較中自卑過。大腦幾乎無時無刻不在拿自己和他人比較，自我價值感就是建立在這種比較之上的：當我們覺得自己比別人好時，就會自我感覺良好，如果覺得自己不如別人，就會感到有些自卑。

在之前的內容中我們已經了解到，大腦這種愛比較的天性其實是一種重要的生存策略，它源於我們對群體地位的需求，要知道，個體在群體裡的地位越高，擁有的資源就越多，生存和繁衍的機率就越大，而地位的下降則意味著生存和繁衍即將面臨的危機。

爲了避免喪失地位，我們必須和他人比較，因爲地位是一種相對概念，它必須建立在比較之上，唯有透過和他人進行比較才能知道自己的地位，才能知道自己是否安全。當發現自己不如他人的時候，大腦就會發出警告信號，我們就會因爲地位受到威脅而感到焦慮，這種焦慮會促使我們努力，想盡辦法維持或提高自己的地位。

從這個角度來看，我們會發現，愛比較的天性事實上是有一定的積極意義的——它能賦予我們不斷向上的動力。儘管如此，卻也存在著不少消極影響，比如它會讓我們經常陷於不必要的焦慮之中，讓我們過分在意那些可以彰顯地位的東西，比如物質上的成功，甚至因此變得虛榮。

事實上，這種消極影響正在日益增加，尤其是在這個社交媒體高度發達的時代，社交媒體讓我們無時無刻不活在比較之中——每天一打開手機，別人的「美好」生活就會自動呈現在我們眼前。可是，我們在社交媒體上看到的根本就不是眞實的世界，而是被過濾和扭曲的，因爲人們總是喜歡誇大自己，想盡辦法讓自己看起來更有地位、更成功，但問題是我們的大腦並不知道，它以爲自己看到的就是眞實。

不少研究都表明，社交媒體與更高程度的孤獨、嫉妒、焦慮、憂鬱、自戀都存在著直接的關聯。這就是爲什麼現在大家普遍都很焦慮，自我價值感都偏低。

所以，想要眞正擺脫自我評判的習慣，眞正學會「自我慈悲」，最爲關鍵的一點就是，我們得先學會如何正確看待與他人的比較，讓自己從比較的焦慮中走出來。

那麼，怎樣才能擺脫相互比較所帶來的不良心態呢？

我覺得，最好的辦法就是從「尊敬一事無成的自己」開始。這句話源自大哲學家尼采，它與斯多葛學派當中的「練習接受厄運」可謂有著異曲同工之妙。

所謂的練習接受厄運，就是當你內心有所擔心和害怕的時候，就想像你害怕的事情已經發生了，然後接受它。這已經被證明是突破恐懼的最佳練習方法，就像前面所述，痛苦源自於對事實的抗拒，如果連最壞的情況都能接受和面對，那麼不管發生什麼，你都不會因爲無法接受而感到痛苦。在這種情況下，就沒什麼可以擔心和害怕的了。

「尊重一事無成的自己」也是同樣的道理。「一事無成」代表了內心最深層的恐懼，意味著我們是一個徹底的人生失敗者，活得不如他人。如果連最糟糕的自己都能接受，甚至懂得尊敬，那麼生活中那些暫時的錯誤、失敗和不足又算得了什麼呢？有了這種心態之後，我們就不會總是活在自我批判之中，而是可以更坦然地面對錯誤和失敗。

有些人可能會對這句話產生誤解，認爲這句話的意思就是，不管自己的人生多糟糕都可以接受。其實不然，這裡最重要的關鍵字是「開始」，因爲「尊重一事無成的自己」本質上是爲了更能實現自我價值。不管做任何事情，在獲得成就之前，我們都免不了要默默耕耘很長一段時間，這個時候的我們，在其他人眼中就是沒有成就的，如果無法接受此時的自己是「一事無成」的，就無法靜下心來做事，總想透過一些捷徑去尋求快速的成功。但說實話，這樣的「成功」即便獲得了，也只能滿足虛榮心，無法帶來眞實的幸福感。

我在二〇一五年離開職場之後，曾經歷過一段很焦慮的時期，焦慮的原因在於，擔心自己無法成功，害怕自己過於平凡和普通。當我意識到這種擔憂和焦慮本質上是源於對失敗和平凡的抗拒，是因爲太在意所謂的成功之後，我就告訴自己：「失敗了又如何？平凡又能怎樣？就算是平凡，就算是失敗，那也只是世俗意義上的平凡和失敗，只要我能夠把自己的潛能發揮出來，努力讓自己具備眞正的才華與實力，並且能夠爲社會創造一些價值，那麼對我來說，這一生就是沒有遺憾的。」想通了這些之後，我便不再執著於成功，而是可以心無雜念地做自己想做的事情。

除了擺脫對平凡的恐懼之外，我們還可以學著把比較的視野從別人身上轉向自己。

岳曉東在《走進哈佛大學心理諮商室》中講到了在哈佛大學心理諮詢中心實習時，曾經遇到過一個因爲比較而變得極度自卑的女孩麗莎，岳曉東就是透過這種方式協助麗莎重獲自信的。

麗莎來自美國阿肯色州，當時是哈佛大學的一名新生。能夠進入哈佛大學本來是件值得驕傲的事，然而麗莎卻因此陷入了人生的谷底。

爲什麼會這樣？原來，麗莎來自一個鄉下小地方，長相身材都很普通，原本成績好是她最大的優勢，但是來了哈佛之後，這個優勢徹底失去了，她的成績僅僅是中下水準。麗莎再也沒有了過去的那種優越感，不僅如此，她還感到自己處處都不如他人，覺得自己是天鵝群裡的一隻醜小鴨，自卑到了極點，甚至認爲來哈佛求學是個錯誤。

見到岳曉東，麗莎的第一句話就是：「我覺得自己是全哈佛大學最自卑的人。」緊接著，她就忍不住在諮詢室哭了起來。

了解麗莎的情況後，岳曉東決定採取三個諮詢步驟讓麗莎重新振作。他先是幫助麗莎宣洩不良情緒、調整心態，然後引導麗莎把比較的視野從別人身上轉向自己。在岳曉東看來，麗莎的自卑是在與同學的比較中形成的，這種比較曾經讓她獲得了自信和自尊，但現在卻只能帶給她自卑與自憐，這才是問題的根源。想要改變這種狀態，她就得轉移比較物件，不能只和別人比較，而是要多和自己比較。

在岳曉東的引導和幫助下，麗莎逐漸意識到，如果總想著要與別人比較，那麼永遠都會感到自卑。等到麗莎明白這個道理之後，岳曉東便開始執行第三個步驟，亦即協助麗莎釐清學習中的具體困難，並制訂相應的計畫來克服這些困難。

慢慢地，麗莎不再把與同學比較作爲衡量自己的標準，並開始努力改進學習方法，透過和自己比較來獲得自信心。僅僅過了兩個月時間，岳曉東就看到了巨大的變化：麗莎好像完全變了一個人，不再鬱鬱寡歡，也不再爲學習落後苦惱，而是想方設法改進學習方法，主動尋求必要的幫助。她開始結交新朋友，有了自己的朋友圈子，也不再認爲來哈佛求學是個錯誤，而是爲自己身爲其中一員而感到自豪。

透過麗莎的故事可以了解到，**儘管我們無法改變大腦「愛比較」的天性，但是可以改變比較的物件。只要把比較物件從他人身上轉移到自己身上，就能夠從比較中獲得積極的意義**——既能因爲想要超越自己而充滿向上的動力，又不會因爲感覺自己不如他人而焦慮，或者缺乏自我價值感。

如果你也常常因爲與他人比較而缺乏自信，不妨學學故事裡的麗莎，不要再和別人比較，也不要把與他人相比作爲評判自我價值的標準，而是讓目光回到自己身上，回到眞正在意的目標上，然後透過踏實的行動一步一步實現這些目標。只要你能感覺到今天的自己比昨天的自己有所進步，大腦就會覺得自己的地位在提高，便會釋放出積極的信號，讓你感到自信和快樂。

岳曉東說，心理諮詢的核心目的之一，就是提高人的自信心。從某種意義上來說，這也正是自我慈悲的意義和價值——終止內心交戰，與自己和解，然後找到安全感和自信。只有這樣，我們才能獲得眞正持久的快樂，自我才能得到更好的成長。

永遠別說你沒有選擇

你體驗過攀岩嗎？很多年前，我攀岩過一次，那次體驗至今記憶猶新。之所以會有如此深刻的記憶，是因爲它讓我體會到了什麼叫做「從絕望中尋找希望」。那種感覺，實在是太棒了。

爲什麼會想到要去攀岩呢？原因很簡單，我當時的老闆山姆是個攀岩愛好者，有著超過十年的攀岩歷史。他是加拿大猶太人，很年輕就到中國創業，成功創辦了一家餐飲連鎖店，但山姆並不想一輩子做餐飲，等公司到了一定規模之後，他就把公司賣了，開始尋找新的創業機會。那個時候，社交媒體剛剛開始興起，山姆覺得這是一個不錯的機會，於是想出了一個新媒體專案，並順利融到了第一筆資金。我就是在那個時候加入了他的團隊。

公司剛剛成立不久，山姆就帶著我們去團隊建設，第一次團建活動就是他最喜愛的運動項目——攀岩。不過我們不是眞的去野外攀岩，而是在北京的日壇公園，那裡有一個十五公尺高的露天攀岩場（相當於五層樓那麼高）。

攀岩其實就是給你一面岩壁，岩壁上有凸出來的、大小不同的支撐點，你只能依靠著這些支撐點，利用手腳攀到岩壁的頂點。當然，這個過程是有繩索保護的，如果失足了或者實在攀不上去，繩索可以幫助你安全降下。

攀岩之前，山姆簡單說了一下動作要領，並且定了一個規矩——不到頂點，絕不能下來，然後就安排我們去攀岩了。

剛開始我並不覺得有什麼困難，很快就爬到了岩壁的三分之一處，但是由於沒有技巧，不知道如何有效用力，所以過程中我的體力已經耗得差不多了，使得再繼續往上變得有些艱難，而且支撐點之間離得越來越遠，我必須透過不同姿勢找到下一個能撐住腳的支撐點，再找到能被手抓住的支撐點，然後踩住，用腿部的力量把自己往上推，與此同時，雙手還必須迅速抓住下一個支撐點，這樣才能持續往上前進。

在我感到精疲力竭的時候，推測自己應該離頂點不遠了，沒想到抬頭一看，卻發現還剩下三分之一的路程，那一刻，我眞是想哭的心都有了。往下看了一眼山姆，他正朝著我大聲喊加油。

我知道自己是沒有退路的，只能繼續尋找新的支撐點，但是周圍那些支撐點都離我太遠了，即使能夠勉強用腳搆到，我也根本沒有力氣踩著把自己推上去。嘗試了幾次都失敗之後，我眞的有些絕望了，因爲所有可能我都已經試過，現在連再往上一步都不可能，更別說到頂點了。但是山姆又不放我下去，我只好無奈地待在原地。

休息片刻之後，我感覺體力好像恢復了一些，於是又開始重新想辦法。我觀察了一下周圍的支撐點，找了一個最有機會的試了試，似乎有些希望。不過，第一次嘗試依然沒有成功，緊接著，我又試了一次，這一次我用盡了手腳的力氣，咬牙奮力把自己往上一推，沒想到，居然成功了！這讓我興奮不已，心中又燃起了希望。

之後，我便採取這種策略，沒力氣的時候就先休息一會兒，等體力恢復一些之後，再把所有體力用來完成下一次攀登。每一次成功都能為我帶來新的希望，增加我的信心。就這樣，我咬著牙，一步一步，終於爬到了頂點。

到達頂點的那一瞬間，我實在太為自己感到驕傲了，內心洋溢著勝利的喜悅。就在那一刻，我似乎明白了，為什麼山姆要把我們的第一次團建活動定為攀岩，為什麼他要求我們必須到達頂點。他其實是想用這種方式告訴我們，很多我們以為的「不可能」和「做不到」，並不是真的不可能，只要不放棄努力，就一定能夠找到突破的辦法。

在後來的接觸中，我了解到，這其實就是山姆內心最堅定的信念。生活中，他經常把這兩句話掛在嘴邊：「總有辦法的，而且總有更好的辦法。」（There is always a way, there is always a better way.）「如果你想看到壞的一面，你可以找到它；但如果你看到好的一面，你也能找到它。」（If you look for the bad, you will find it; if you look for the good, you will find it too.）

山姆的這種信念，實際上就是主動式思維的最佳體現：他堅定地相信，選擇權和主動權都在自己手中，不管發生什麼，不管面對怎樣的挫折和困難，他都有選擇的權利，他可以選擇從消極的角度去看，也可以選擇從積極的角度去看，他可以選擇接受「事實」，也可以選擇努力尋求突破。這種信念給了他人生的掌控感，他知道自己的人生就把握在自己手中，正因爲如此，他才會永不放棄地，爲自己想要的結果不斷努力。

爲什麼相信有選擇如此重要

爲什麼相信自己有選擇權如此重要呢？關於這個問題，我們也許可以從正向心理學之父塞利格曼的著名實驗中獲得一些啓發。

二十世紀六〇年代，塞利格曼和同事做了一個實驗。他們把小狗分成三組，分別關在籠子裡。第一組小狗的籠子是安全的，第二組和第三組小狗的籠子裡會隨機出現電擊，不同的是，第二組的電擊是可控的，小狗只要觸碰籠子裡的控制桿，電擊就會停下來，第三組小狗則沒有控制桿可以碰，也就是說，無論牠們作出什麼樣的反應，都無法躲過電擊。

第二天，所有小狗都被放入一個名叫「穿梭箱」的籠子裡。籠子中間有一堵很低的障礙牆，小狗只要嘗試一下就可以跳過去。實驗室裡有一個蜂音器，只要蜂音器一響，小狗所在的那邊地面就會出現難以忍受的電擊。很快地，第一組和第二組小狗都學會了跳過障礙牆以躲避電擊，牠們只要一聽到蜂音就會越過牆，跳到安全的一邊。然而，那些之前無法控制電擊的第三組小狗，大部分都不會嘗試躲避電擊，一聽到蜂音，牠們只是躺下嗚咽，被動地等待電擊結束。

塞利格曼把這種現象稱爲「習得性無助」，他認爲，第三組小狗在那次無法躲避電擊的情景中產生了「做任何事都無法改變現實」這種想法，從而對控制自己命運感到極端無助。這種無力改變的無助感使得牠們放棄了嘗試，消極被動地接受「命運」的安排。

這個實驗充分解釋了「擁有選擇」的重要性：在特定情境下，如果相信自己是有選擇的，就會覺得自己具有掌控整個局面的能力，這種信念能夠避免產生無助感，並且促使我們透過不斷行動和嘗試來尋求改變。相反地，如果認爲自己是沒有選擇的，那麼潛意識就會產生這樣的信念：「不管做什麼都沒有用、都無法改變結果。既然無法改變，那也就沒有嘗試的必要了。」這種信念導致我們失去行動和嘗試改變的動力，變得消極和被動。

這種關於人生掌控權的信念有一個專門的心理學名詞，稱爲「制握信念」，最初是由美國社會學習理論家朱利安．羅特提出來的。

羅特發現，不同個體對生活中各種事件的成因有不同的解釋：**對某些人來說，他們認為結果和自己的行為有關，因為他們相信，可以透過掌控自己的行為，控制事情的發展和結果，也因此懂得為自己的人生負責；對另一些人來說，他們認為生活中多數事情的結果是由自己無法控制的外部力量決定的，比如社會的安排、命運和機遇等等，他們並不認為自己擁有任何掌控權，所以傾向放棄對生活的責任。羅特把前者稱為內控者，後者稱為外控者。**

許多相關研究已經證明，是否相信自己有掌控權，對於幸福和成功具有重要的積極影響，對於掌控權所抱持的不同信念，將使得人們表現出全然不同的態度與行為。

一般來說，內控者在生活中會更加積極和主動，因為他們相信自己能發揮作用，所以會以富有成效的方式去塑造人生。在困難和問題之前，內控者不會那麼容易放棄，而是反問自己：怎麼樣才能解決這個問題？我還有什麼別的選擇？然後努力尋找突破困境的辦法。此外，他們還擁有更強的延遲滿足感的能力，並且更能應對日常生活中的壓力。

外控者則恰恰相反，他們相對比較消極，因為他們看不到個人努力與行為結果之間的積極關係，所以通常傾向以一種無助、被動的方式面對生活。面對失敗與困難，很少會思考接下來該怎麼辦或嘗試解決問題，而是習慣性地推卸責任和抱怨，認為都是他人或者某些外部客觀原因所導致的。

當然，在現實生活中，很少有人是絕對的內控者或絕對的外控者，大部分人介於兩者之間，要麼偏向於內控者，以積極思維為主導，要麼偏向於外控者，以消極思維為主導。

從現在起，為自己的人生負責

我的朋友邁克斯，是一位來自北歐的連續創業者，他曾成功創辦過好幾家互聯網公司，其中一家已經是全球最大的互聯網資料分析公司之一。

有一次聊天，我們不知不覺談到了改變這個話題。他很坦然地跟我說，如果我認識十幾年前的他，肯定想不到他會有今天。因為那個時候，他的生活可以說是一團糟：婚姻失敗、沒有事業，也不知道自己要做什麼。

這讓我非常吃驚，因為在我眼中，邁克斯是一個積極、勤奮，而且非常有規畫和條理的人，我以為他一直都是這樣，沒想到他也是在經歷改變之後，才成為了今天的樣子。

我問他，是什麼改變了他。他說，那個時候他恰巧讀到了史蒂芬．柯維的《與成功有約》，這本書讓他突然意識到，現在的生活如此糟糕完全是自己的責任，因為他是有能力改變這一切的，而他之前從來沒有想過這點。那一刻，他決定要為自己的人生負起責任，他要追求不一樣的人生。從那之後，他就變得十分積極和上進，並成功抓住了互聯網的創業浪潮，成為第一批先鋒。

《與成功有約》這本書我早就聽說過，但從來沒想過要去讀。聽完邁克斯的故事之後，我也對這本書產生了濃厚的興趣，於是便買了一本來讀。讀完之後才發現，的確不愧為經典之作，而書中柯維提到的第一個高效能習慣，就是積極主動。

關於「積極主動」，柯維是這樣定義的：積極主動不僅指做事的態度，還意味著要對自己的人生負責。一個人的行為應該取決於自身的主動抉擇，而不是外在環境。也就是說，不管外界條件怎樣或者發生了什麼，我們都能意識到自己有選擇如何回應的自由，不把自己的行為歸咎於環境、外界條件或他人的影響，而是根據自己的價值觀，有意識地選擇對外界的回應方式。

與積極主動相反的就是消極被動，消極被動的人最顯著的特點就是喜歡抱怨和找藉口。比如，當他們遇到不利處境和事件時，就會不停地抱怨：為什麼不好的事情總發生在我身上？為什麼老天要這樣對我？如果發生做了計畫卻沒完成的情況，他們就會解釋說是太忙了或者時間不夠，這背後的潛臺詞就是：「不是我的問題。」「我沒辦法。」卻從來不去想自己怎樣才能改變這種現狀和結果。

爲什麼這些人總是習慣性地選擇消極抱怨，而不是積極行動呢？我覺得，一個很重要的原因在於，他們混淆了過錯與責任。在他們看來，責任與過錯是相對應的，責任必須由過錯方來承擔，所以，只要他們認爲此時糟糕的現狀不是自己的錯，與自己的選擇無關，是別人或者社會造成的，就會在潛意識中拒絕承擔責任。

但實際上，**過錯和責任並不是對應的，我們的痛苦也許是他人或者客觀環境造成的，和自己的行爲和選擇無關，但是抱怨他人或環境並不會帶來任何幫助和改變，他人也沒有義務來幫助我們，即便這一切不是我們的錯，讓自己開心起來依然是我們的責任。**

如果去看一下英文中「責任」這個詞的構成，或許會對它的含義有更深的理解。責任的英文是responsibility，它由兩部分組成：response和bility，response的意思是回應，bility則屬於名詞字尾，意思是能力，所以責任眞正的含義是「回應的能力」（the ability to response）。可見，責任與過去並沒有太大關係，它關乎的是現在——你要如何把握現在？現在的你要如何選擇和回應？

的確，人生中很多事情都由不得我們選擇，很多不好的結果也不是因爲自身的過錯所導致的，我們甚至無法控制這些事情不發生，但是，有些事情卻是我們百分之百可以控制的，比如如何解釋和看待這些事情，以及接下來如何選擇和行動等等。

所以，當柯維說要爲自己的人生負責時，並不是指把過去發生的一切都怪罪在自己身上，而是要我們意識到，過去發生了什麼，以及是誰導致了這一切都已經不再重要了。眞正重要的是，此時要怎麼選擇。因爲此時的選擇和接下來的行動，才是改變命運的唯一機會。

柯維所說的「積極主動」，對我來說一點都不陌生，因爲這就是我多年的人生信念。不過，我並不是天生如此，我積極主動的性格完全是透過後天的自我訓練形成的。以前的我其實滿被動的，應該屬於外控者，我總覺得，成功需要靠運氣，幸福需要他人來給予，所以我很少會去爭取什麼，只是被動地等待別人給我機會，卻從未想過以積極的行動創造自己想要的生活。

那麼，是什麼讓我發生如此巨大的轉變呢？

這種改變依然和《創作，是心靈療癒的旅程》這本書有關。我在讀這本書的過程中得知，世界各地有很多學習小組，大家定期聚在一起討論書中的練習。我很想參加這樣的學習小組，也很想和一群志同道合的人一起討論和成長。只是當我上網搜尋的時候，卻失望地發現，我所在的這個城市並沒有這樣的學習小組。

不知道爲什麼，那一瞬間，我的腦海中突然冒出了這樣一個聲音：「如果沒有，爲什麼不自己去創造？」一點都不誇張，我自己都被這個想法嚇到了，這對於當時的我來說，是一件極具挑戰的事情，因爲我從小就是一個內向、不太合群，也不太善於與人打交道的人，我也從不認爲自己有組織和領導能力，我在學校也幾乎沒有擔任過任何班級幹部。

然而，這個聲音卻給了我一股莫名的力量。在這股力量的推動下，我很快就開始了行動。我寫了一個招募廣告，然後到處去張貼，最後居然成功招募了八個人。就這樣，我開始了人生中第一個小組織，並帶著大家成功完成了十二期活動。

就是這樣一次意外的積極行動，讓我看到了自己身上的巨大潛力，也讓我深刻意識到，困境其實是可以突破的，只要不放棄，努力想辦法，就一定能夠發現更好的選擇。

過去，每當感到不如意的時候，我就會在心裡抱怨：爲什麼沒有人懂得欣賞我？爲什麼沒有人給我機會呢？經歷過這件事情之後，我意識到，機會不是等來的，也不是他人給的，而是必須自己創造的。

之後，我就一直把「如果沒有，爲什麼不自己去創造」當成了座右銘，此外，我還爲自己寫了一句話：「妳是有選擇的。」意在提醒自己，不管身處怎樣的困境，都有選擇的權利，我可以消極地接受所謂的「現實」，也可以積極主動地尋找解決辦法。

正是這種信念上的轉變讓我徹底告別了過去那種消極被動的狀態，變成一個積極的行動派，開始利用工作之餘的時間做各式各樣的嘗試，而且不管遇到怎樣的困難，我都不會逃避，也不會讓自己被困難打倒，而是立刻進入「解決問題」的狀態，積極思考解決辦法和下一步的行動。

選擇背後的情感邏輯

在前面的內容裡，我曾經提到，人類有一個最基本的心理需求，那就是自主性的需求——對自己的行爲有選擇和決定權。也就是說，我們做一件事情必須是因爲自己想做，而不是受到了逼迫。如果不是出於意願，而是因爲外界壓力不得不做，就會缺乏內在動機，就很難從這件事情中獲得快樂，也很難眞正投入其中。

同樣一件事情，如果我們感覺自己沒有選擇，不得不做，就會對這件事情產生本能的抵觸情緒。但如果認爲是自己選擇的，對這件事情的情感和態度就會完全不一樣。比如說，兩個人閱讀同一本書，自願選擇閱讀這本書的人，會讀得津津有味；而當做作業來完成的人則會敷衍了事。

假如一個人感覺生活中大部分事情都是「不得不」做的，那麼我敢肯定，他一定活得很不開心，而且還很喜歡抱怨。

說到這裡，有些人可能會說：我也想相信自己是有選擇的，可是生活中有些事情就是必須要做的呀！比如老闆交給我一個任務，這個任務就是我必須做的，我沒有選擇。

我的答案是：這樣的事情也並不是眞的「必須做」，你同樣是有選擇的。

不過，爲了能更充分地解釋，我必須請你先進行一個認知上的轉變，這對於理解自己行爲背後的動機非常重要。這種認知轉變就是：「人性的第一訴求並不是追求快樂，而是避免痛苦。」

很多人都認爲，人生就是要追求快樂。這的確不假，但是很多人沒有意識到的是，追求快樂並不是人性的全部，因爲我們的行爲和選擇背後還有另一個非常重要的動機，那就是避免痛苦，而且對於大腦來說，避免痛苦要比追求快樂更重要，也就是說，**相較於追求快樂，我們願意付出更多努力去避免痛苦。這就是爲什麼我們總是會不自覺地把注意力聚焦在那些讓我們痛苦和焦慮的人和事上，而不是自己想要的目標和結果上。**

舉個例子，小孩通常都不喜歡做作業，但是他們爲什麼最後還是會去做呢？很簡單，因爲不做就會被家長責罵，那對於他們來說是更大的痛苦。

明白了這個道理就不難理解，爲什麼我們會選擇去做那些讓我們感到痛苦的、「不得不」做的事情。原因就在於，我們眞正面對的並不是快樂與痛苦之間的選擇，而是痛苦與痛苦之間的選擇，我們最終會做出怎樣的選擇取決於，這兩種痛苦之間，我們更想避免的是哪種痛苦。

回到剛剛的那個問題：老闆交給你的任務是不是必須做呢？當然不是，你完全可以選擇拒絕，但問題是，你必須爲自己的行爲承擔後果，這個後果很可能是被辭退。所以，你此時眞正面臨的決定應該是：沒有工作的痛苦，和做不喜歡做的事情的痛苦，你更想避免的是哪個？如果你選擇的是沒有工作的痛苦，那麼，完成老闆交給你的任務就不是因爲不得不做，而是你爲了避免失業痛苦所做的選擇。

就像前面所提到的那樣，人之所以會糾結和痛苦，就是因爲總想逃避痛苦，然而人生在世，痛苦是不可避免的，你越想逃避，越覺得痛苦，如果選擇坦然面對，苦痛反而會消失。所以，不要總想著怎麼逃避痛苦，而是學會接受和面對痛苦，然後選擇自己可以承擔的，承擔自己所選的。只有這樣，我們才不會總是活在糾結和痛苦之中。

用「我選擇」替換「不得不」

怎樣才能讓自己不逃避痛苦，並且還能坦然面對呢？我覺得，關鍵就在於要從「不得不」這種消極被動的心態，轉變到「我選擇」這種積極主動的心態上，然後告訴自己：既然人生一定要經歷痛苦，那麼不如主動選擇那些願意承受的痛苦。

關於如何把「不得不」替換成「我選擇」，著名溝通專家盧森堡博士在他的《非暴力溝通》一書中提到過一個有趣的練習，這個練習幫助我們更能完成這些轉變。練習很簡單，總共有三個步驟。

第一步：列出所有「不得不」做的事情

拿出一張空白的紙，把那些日常生活中不喜歡，但卻不得不做的事情列在這張紙上（這些事情可能是別人安排給你的，也有可能是你自己要求自己的）。看到紙上列出來的這些事情，你就會明白到底是什麼讓你活得不開心。

第二步：用「我選擇」替換「不得不」

下一步，就是在這些事前面加上「我選擇」這幾個字。比如說，如果你認爲上班是一件你不喜歡但又不得不做的事情，那麼就告訴自己：「我選擇去上班，而不是不得不去。」

在進行第二步的時候，你可能會感到心中有一種很強烈的抗拒感，這很正常，因爲此時的你並不這麼認爲，你依然相信這是一件不得不做的事情。沒有關係，到了第三步你就會明白，爲什麼這是自己的選擇了。

第三步：寫出選擇背後的理由

第二步其實只完成了句子的一半，接下來你必須完成整個句子：「我選擇＿＿＿＿是因爲我想要＿＿＿＿。」

說實話，完成這個句子的後半部分並不是一件容易的事情，但卻是至關重要的一步，因爲它能夠幫助你了解自己，以及行爲背後的價值取向，也就是，你在生活中更看重什麼。

當透過這種方式去深入發掘行爲背後的動機時，你就會發現，我們做一件事情通常都是出於以下一種或多種動機：

①爲了錢。
②爲了得到贊同。
③爲了逃避懲罰。
④不想感到羞愧。
⑤爲了避免內疚。
⑥爲了履行職責。

這些動機和理由通常存在於潛意識層面，是我們平時覺察不到的。這些動機中，除了錢和某些必要的職責外，事實上，大部分都不是必須的。

毫無疑問，錢的確是一個很現實的問題，因爲它直接影響著我們和家人的生活狀態，但是到底多少錢才算足夠？在什麼情況下應該把錢擺在第一位？什麼情況下不應該把錢擺在最重要的位置？這是一個值得進一步思考的問題。

在深入審視選擇背後的動機，明白自己做這件事情到底是爲了什麼之後，會有兩個結果：第一，你意識到做這件事情是爲了滿足某個對你來說非常重要的需求，這個時候，這件事情就不是「不得不」做的，而是你自己選擇去做的；第二，你發現做這件事情想要得到的並不是那麼重要的，既然如此，你完全可以選擇停止做這件你以爲「不得不」做的事情。

當然，如果是第一種情況，你還可以繼續思考：這個重要的需求是不是只能透過這種方式去滿足？會不會有其他的選擇呢？舉個例子，盧森堡博士在做這個練習的時候，發現自己最討厭但又不得不做的事情是寫臨床報告，透過深入思考背後的動機，他意識到他選擇寫臨床報告完全是爲了保住工作、獲得收入，而這件事情對他和他的病人來說意義都不大。當認知到「錢」是做這件事情的主要動機時，他馬上就想到自己其實可以用別的方式獲得收入。於是，從那天起，他就再也沒有寫過一份臨床報告了。

要眞正完成這個練習其實並不容易，因爲它是一個向內思考和審視人生價值觀的過程。

所謂的人生價值觀就是要回答：「什麼才是我人生中最重要的？」人生中很多東西是無法兼得的，你必須有所取捨，不知道什麼是重要的，就無法主動選擇，於是陷入被動和「不得不」的痛苦之中。

總而言之，如果我們想要成爲自己人生的創造者，想要透過積極行動去探索理想的人生，那麼就一定得相信，不論什麼時候，我們都是有選擇的，然後帶著這種信念去審視和思考生活中那些「不得不」的事情，想想做這些事情都是爲了什麼，想想什麼才是最重要的，最後再把這些選擇替換成自己的主動選擇。

從「我不行」到「我可以」

怎樣才能找到自己真正喜歡的事情呢？這是一個令很多人都困惑不已的問題，也是一個我經常被問到的問題。說實話，關於這個問題，我思考過很久，但卻始終沒有找到滿意的答案，直到我的人生中有了這樣一個奇妙的經歷——我居然成功地把一件曾經令我感到自卑的事情變成一件非常喜歡的事情。

這件事情就是唱歌。

喜歡原來可以被培養

我有個非常要好的歌手朋友，我們曾經朝夕相處了許多年，在我們相處的這些日子裡，她從未聽過我開口唱歌，這讓她感到非常奇怪，所以她總是會時不時地「誘逼」我一下，想聽我唱唱歌，然而不管她說什麼，我都堅定地拒絕。

我不願意唱歌，是因為覺得自己唱得不好，可是又不願意直面這個弱點，更不願意將它暴露出來讓別人知道，所以我只能透過拒絕唱歌這種方式來隱藏自己的不足。在KTV還沒有流行起來之前，我其實是唱歌的，雖然談不上喜歡，但偶爾也會哼個小曲，小學時期，我甚至還是學校合唱團的一員。後來，KTV慢慢流行起來，K歌成了大家最喜歡的聚會方式之一，我也跟著同學們去唱過幾次歌。

在此之前，我並沒有相對客觀的方式來評判自己唱得怎麼樣，可是在KTV裡，誰唱得好，誰唱得不好就變得一目了然了。有了對比之後，我才意識到，自己唱得並不好，不僅聲音很小，而且只要音稍微高一點就唱不上去。那時的我又是一個喜歡和他人比較，還特別要強的人，為了保護脆弱的自尊心，之後就再也不願意唱歌了。

幾年前，我開始意識到有聲內容將成為付費內容市場的趨勢，為了跟上這個趨勢，我決定在寫文字內容之外，同步做有聲內容。錄了幾期內容之後，我發現自己說得有些生硬，不是很自然。這個時候，正巧有朋友推薦了傳媒大學的一個播音課程，我便為自己報名了一個基礎課程。這個課程可以說是為我打開了一扇聲音殿堂的大門，它讓我了解到，原來聲音背後還有那麼多學問，也讓我不禁對聲音藝術產生了一些興趣。

不久之後，我在接受《男人幫》的一期專訪時，結識了另一位專訪來賓，他是一位音樂人，也是一家音樂教育機構的創始人。在盛情邀請下，我走訪了他的音樂私塾。透過與他聊天，我了解到，聲樂本身就是一種聲音藝術，它和播音其實有著很多相通之處。這讓我突然萌生了想要學習彈唱的想法，我想這應該對之後做有聲內容有幫助，說不定還能幫我走出不敢唱歌的自卑情結。於是在他的鼓勵下，我決定開始烏克麗麗和聲樂的學習。

不得不說，聲樂的學習完全顛覆了我對唱歌的固有認知。我以前總以爲歌唱得好是天生的，靠的是天賦，而我就是那種沒有天賦的人。但實際上，聲樂是一門必須透過學習才能掌握的技能，它存在著很多技巧，沒有人天生就會這些技巧，都必須透過系統的學習和訓練才能慢慢掌握。當然有些人的確天生唱歌就好聽，但即便如此，他們也必須經過系統的訓練才能眞正唱好。我以前之所以唱歌聲音小，高音唱不上去，全都是因爲不懂得如何運用氣息所導致的，而這些問題都可以透過訓練來解決。

儘管如此，聲樂的學習一開始還是非常枯燥的，並沒有那麼有趣，而且很容易讓人產生挫敗感。我通常必須經過大量的錯誤嘗試才能找到正確的發音位置，有的高音，我甚至需要花一兩週的練習時間才能找到感覺。不過，我並沒有因此而放棄，因爲我相信只要自己不斷練習就一定能夠掌握。

果不其然，過了幾個月最艱難的初學期之後，我明顯感覺到自己的進步，氣息問題有了很大的改善，很多之前唱不上去的高音也能夠順利唱上去了，也開始注意歌曲的律動與情感。這些進步讓我看到了希望，也讓我更加堅信自己一定可以唱好。

慢慢地，我發現自己唱歌沒有那麼難聽了，也不再害怕在別人面前唱歌，甚至有時還會主動約朋友們一起去K歌，而且偶爾還能得到幾句讚美之詞。到現在，我已經完全喜歡上了彈唱，它不僅成了我日常娛樂的一部分，也成了一個可以隨時拿出來娛樂他人的小才藝。每次聽到掌聲和大家說「好聽」時，我都會非常開心，非常有成就感，這種快樂和成就感反過來又增強了我對彈唱的喜愛。

當我越是喜歡，就越願意花時間練習，花的時間越多，進步也就越大，進步越大，就越有成就感。這就是一種典型的正迴圈，任何領域的學習一旦進入了這種正迴圈，就幾乎不太可能放棄，只會越來越喜歡了。

不過話又說回來，這次突破對於我的意義絕不是「能夠唱好歌」那麼簡單，更重要的是，它改變了我對喜歡的認知——原來喜歡是可以被培養出來的，而且喜歡和成就感息息相關，我們在某件事情體驗到的成就感和自信越多，就越有可能喜歡上它。

這種成功體驗通常不會自動發生（除非你眞的很有天賦），而是需要努力創造，因爲面對任何一個新的領域，通常都必須熬過一段艱難而又充滿挫敗感的初學期，等到熟練掌握了一些基本技能之後，才能體會到質變帶來的成功體驗——那種「技能匹配挑戰」的心流體驗（Flow）。

等到熬過了那段時期，在這個領域的學習才會開始進入正迴圈，也會慢慢地越來越喜歡這件事情。想要成功熬過最初這段艱難的時期，有一個不可或缺的關鍵前提就是：「必須對自己有足夠的信心。」也就是，我們必須相信自己一定可以成功，否則就很容易在挫敗感前選擇放棄。

說到喜歡的本質，我發現我們眞正喜歡的，並不僅僅是這件事情本身，更多的是做這件事時的自我良好感受。這就是爲什麼自信如此重要，一旦缺乏「我可以」這種積極信念，不相信自己可以做好，就很難堅持到擁有成就感的那一刻，體驗不到成就感，就更不可能喜歡上這件事情。

自我效能與成長型思維

「我可以」這種積極信念，不僅是喜歡上某件事情的重要前提，它對於任何需要長期持續的行爲來說，都是極爲關鍵的。這種積極的自我信念在心理學上稱爲「自我效能」，是心理學家愛伯特．班杜拉提出的，它指的是個人在面對某項任務時，對自己能否成功完成的主觀評估。

關於自我效能，心理學家普遍認同這樣一種看法，亦即自我效能是成功和幸福的最佳預測因素。這是因為一個人的自我效能感，很大程度決定了面對挫折和困難的態度——遇到困難時，如果你相信自己一定可以做好，就會想盡辦法克服困難。因此，擁有較高自我效能感的人，行動力和意志力通常都更強，能夠把一件事情長久地堅持下去，也會在學習和工作中獲得更高的成就。

不僅如此，高自我效能感還能帶來掌控感，讓人覺得生活和工作中的大部分問題都是可控和可解決的，這種掌控感會大大降低焦慮情緒，提升幸福感。

那麼，這種「我可以」的自我效能感到底從何而來呢？為什麼面對困難和挑戰，有的人會堅定地相信「我可以」，有的人卻會陷入自我否定之中呢？

心理學家發現，自我效能感很大程度與個人過去的成功經驗有關，毫無疑問，一個人經歷的成功體驗越多，對自己的能力就越有信心，尤其當這種成功是透過艱辛的努力才換來的時候。另一方面，它還與個人的底層思維模式有關，擁有成長型思維模式的個體通常自我效能感更高，而擁有固定型思維模式的個體自我效能感則偏低，比較缺乏自信。

成長型思維模式，現在已經是個廣為人知的心理學概念了，它最初是由史丹佛大學行為心理學教授卡蘿．杜維克提出來的。她在研究學生的學習動機時發現，面對一定困難度和挑戰的學習任務時，有些學生會變得焦慮，不願意嘗試，但有些學生不但不焦慮，還很享受這個學習過程。

爲了深入解釋這種現象，杜維克教授提出了思維模式理論。她認爲，人們存在著兩種截然不同的思維模式：一種是成長型思維模式，一種是固定型思維模式。

兩種思維模式最核心的差別就在於看待能力的方式。一般來說，擁有固定型思維模式的人，會傾向於認爲智力是天生的，他們會把表現結果與自己的能力和智力水準畫上等號，他們很怕犯錯，因爲犯錯是對自身能力的一種否定，所以特別在意結果，喜歡追求「表現型」目標，而不去關注提升和進步的機會。

擁有成長型思維模式的人則會用發展的眼光來看待智力和能力，他們相信能力可以透過後天努力提升。如果問他們覺得自己最成功的時刻是什麼，他們的回答通常是透過努力克服了困難的時候，他們看重自己在過程中付出的努力以及獲得的提升，而不僅僅以結果論成敗，因此他們會更喜歡爲自己設定「成長型」目標。

這兩種思維模式又是怎樣形成的呢？

說到這裡，我想起去年有個紀錄片非常受到歡迎，叫做《他鄉的童年》。紀錄片的導演是知名國際新聞記者周軼君。身爲兩個孩子的母親，周軼君常年因爲教育的問題而焦慮，於是，她選擇走訪芬蘭、日本、印度、以色列及英國等五個國家，到不同的學校了解他們的教育理念，以及在教育上的探索，最後再回到中國。

整個紀錄片中，令我印象最深刻的一次採訪，是周軼君在芬蘭一個被譽爲教師界西點軍校的師範學校——海門林納師範學院的採訪。

採訪對象是學院的幾個老師和學生。談論教育時有位老師提到，她經常遇到一些國外的學生，這些學生會告訴她：「我不會唱歌，因爲在幼兒園的時候老師就跟我說我不會唱歌。」然而在芬蘭，老師們絕對不會給學生貼標籤，或下類似「你做不了這個」「你做不了那個」的結論，因爲他們相信，每個人都是可以的。

這個時候，周軼君突然問了一句：「如果有一個孩子眞的不擅長數學，甚至特別討厭數字呢？」

所有受訪者都有類似的答案：我們會去思考，是不是教學方法出現了問題，而不會認爲是這個孩子本身的問題，然後我們會觀察他對什麼感興趣，如果喜歡汽車，那就用汽車來教他數學，如果喜歡樂高，那就用樂高來培養他對數學的興趣，總之，我們會悄悄地把數學植入到他感興趣的東西上，然後自然就會進步了。

說實話，這是整個紀錄片最打動我的時刻，也讓我突然間明白了，究竟**是什麼導致了固定型思維的產生——很大程度上取決於我們的歸因方式**。

每個人在成長的過程中，難免會遇到學不好或者做不好一件事情的時候，假如把學不好歸因於自身的問題，認爲自己沒有天賦、天生就學不好，這種歸因方式將導致固定型思維。而且一旦相信這是自己的問題，就會停止嘗試和努力，想盡辦法避免失敗和挑戰，以此維護自己的自尊心。

相反地，**如果我們懂得歸因於那些可以改變和提高的事情，比如努力程度、學習和練習方法等等，就不會因爲自己做得不好而自我否定，而是透過加倍努力或者調整學習方法來改善自己的表現，這種歸因方式就會發展出成長型思維模式。**

不過，我們的大腦好像更喜歡把原因歸於自己。這一方面與大腦偏向消極的本能有關，另一方面無疑是與家長、學校老師本身就缺乏成長型思維有關，因爲他們相信能力是天生的，所以，當他們發現小孩某一方面做不好的時候，就會得出「你在這方面不行」的結論。而對於小孩，當大人告訴他們「你不行」，那麼他們就眞的相信自己是不行的。

回到一開始我的故事。在唱歌這件事情上，我過去擁有的就是典型的固定型思維模式，當我發現自己唱得不好，很自然地把原因歸結爲能力問題，認爲自己缺乏天賦，而一旦把能力與天賦連結在一起，能力就成了一件無法提高和改變的事情。

後來，當我意識到聲樂是一種可以習得的技能之後，開始轉變爲成長型思維模式，再次遇到困難和挑戰時，就不會把唱不好看成是自身能力的問題，而是把原因歸結爲練得不夠多，並堅定地相信只要努力練習，就一定可以唱好。

這種歸因方式也充分解釋了，爲什麼表揚孩子聰明會導致孩子形成固定型思維，表揚孩子努力則會激發出成長型思維。因爲表揚本質上就是一種歸因，表揚孩子聰明就是把孩子的表現歸於聰明，孩子在頭腦中就會形成這樣的信念：「表現好就意味著聰明，表現不好就代表不聰明。」爲了維護「聰明」的自我形象，他們就會拒絕做有挑戰的事情。

表揚孩子努力則是把孩子的表現歸於努力，孩子的腦海中就會形成截然不同的信念：「表現好是因爲努力，表現不好是因爲不夠努力。」於是，他們會認爲表現是可以透過努力提高的，只要不斷努力，就能獲得更好的成績和表現。

不是學不會，而是不會學

有些人可能會對杜維克教授的成長型思維存在著誤解，以爲只要強調努力就是成長型思維，其實不然，成長型思維的核心在於相信能力是可以透過不斷發展來提高的，此時做不好不代表永遠都做不好。

努力對於能力的發展來說固然重要，但並不一定就會帶來進步和更好的表現，因爲努力的方法也很重要。其實，任何領域都存在著正確方法，所謂的正確方法就是用符合事物本身規律以及認知發展規律的方式去做事情，比如刻意練習就是技能學習領域的最佳方法。

如果方法本身有問題，那麼即便再努力也很難得到理想的結果。說實話，這個世界上存在著太多努力卻沒有成就的人，而當一個人非常努力卻依然得不到想要的進步和提升時，照樣會陷入固定型思維，認爲自己的能力天生就只有這樣。

在知識的學習和技能的發展上，天賦、努力和方法都扮演著非常重要的角色。天賦，毫無疑問是一種極大的優勢，在某個領域擁有天賦的人會表現出強大的，甚至是無師自通的學習能力，而且能很快體驗到「心流」，因爲天賦會讓他們很快發現並掌握這個領域的潛在規律。

然而，就算沒有突出的先天優勢，我們依然可以透過後天的有效努力來獲得出衆的能力，這樣的例子在現實生活中並不少見。從某種意義上來說，天賦和方法是可以互補的，天賦會讓一個人不用特意學習就能很快找到並掌握規律，而正確的方法可以讓一個人透過後天的學習來掌握規律，彌補天賦上的不足。努力則可以被看成是加速器，能讓有天賦或者懂得正確方法的人加速進步。

在天賦不足的情況下，正確、有效的方法就顯得尤爲重要，但問題是，學習方法的重要性卻一直被嚴重忽略了。從小到大，我們都是憑著直覺學習，老師也是憑著直覺去教，卻從來不知道，學習和教學其實都是有方法的。正是因爲不懂得正確的學習方法，只能受限於天賦，才會認爲學不好是因爲不夠聰明，而一個人一旦產生了固定型思維，並形成了「我不夠聰明」這種信念，就很難再實現自我突破了。可見，學會正確學習是一件多麼重要的事情。

每個人多少都曾因爲過去某些失敗經歷，形成一些否定式的自我信念，比如「我的寫作能力很差」「我的邏輯能力不行」「我溝通能力很差」「我不會演講」等等。現在，我們知道了，之前做得不好，僅僅是因爲我們沒有系統學習和訓練過，或者學習的時候不懂得正確的學習方法。在這個世界上，其實沒有什麼事情是學不會的，只要有好的學習和練習方法，再加上足夠的訓練，就一定可以掌握。

當然，**可以學會並不意味著一定要去學，可以做也並不意味著一定要去做，因爲每個人的時間和精力都是有限的，我們應該有策略地選擇自己的學習領域和投入方向**。但最起碼，有了這種「我可以」的信念之後，就會變得更有自信，也就不會因爲「做不好」或「學不會」這些錯誤信念而在發展和選擇上受到限制。

正確地面對錯誤和失敗

為了讓自己擁有穩定的成長型思維，除了學會正確學習之外，我們還必須學會如何正確面對錯誤和失敗，因為不論學習能力有多強，都還是免不了經歷犯錯和失敗，如果不能從積極的角度看待錯誤和失敗，就會對我們的成長和行動造成阻礙，並削弱自信心。

能否從成長的角度看待一切錯誤和失敗，是成長型思維和固定型思維的另一個本質區別。擁有固定型思維的人正是因為對犯錯和失敗持有消極態度——把它們看成是對自己的否定，而不是自我成長的機會，才會想盡辦法迴避挑戰，並在犯錯的時候對自己的能力產生懷疑，以至於最終得出「我不行」這樣的自我否定式結論。所以，想要克服固定型思維，我們還得努力改變自己對錯誤和失敗的認知。

從本質上來說，錯誤和失敗都不過是一種回饋資訊，它們僅僅意味著，我們此時的行為結果與自己期待和想要的結果之間還存在著差異。這個時候，如果我們能夠根據這種回饋不斷調整自己的認知、策略或者行為，就一定可以越來越接近自己想要的結果。

對學習理論有一定了解的人都知道，糾錯原本就是學習過程中最重要的一部分，因為所謂的學習過程，就是一個從不會到會，從不熟練到熟練的過程，在我們還不會不熟練的時候，犯錯是一定的，只有透過不斷犯錯才能暴露出自己的不足和盲點，也只有透過不斷糾錯，我們才能眞的學會，才能逐漸熟練。

所以，犯錯和失敗並不可怕，眞正可怕的，是不懂得從錯誤和失敗中學習，如同這句話所說：「唯一眞正的錯誤，是我們沒有從中學到教訓的那一個。」（The only real mistake is the one from which we learn nothing.）這個世界上眞正厲害的人，也絕不是不會犯錯的人，而是那些能夠在發現錯誤之後快速糾錯，從錯誤中獲得成長的人。

當然，改變對犯錯的態度絕不是一件容易的事情，因爲我們對於犯錯的恐懼可以說是根深柢固的。我並不清楚大腦是否天生就厭惡錯誤，但我敢肯定的是，後天環境扮演了非常重要的角色。從小到大，我們都被灌輸著這樣的信念，那就是：「不能犯錯。」因爲每次犯錯，我們都會遭到批評。久而久之，大腦會將犯錯和痛苦牢牢地連結在一起。爲了避免痛苦，就會極力避免錯誤。因此，想要改變自己對犯錯的態度，就得切斷錯誤和痛苦在潛意識中的連結，轉而把錯誤和積極的情緒連結在一起。

要如何具體執行呢？首先要做的，就是**放棄「不能犯錯」的完美主義，並且告訴自己犯錯是不可避免的，每個人都會犯錯，而且會一直犯錯。**

關於如何擺脫完美主義，復旦大學的陳果老師曾經分享過自己的經驗。她說自己以前就是一個完美主義者，之所以會成爲完美主義者，是因爲當她做得好的時候，身邊的人都會讚美她，於是她就會做得更好，而當她做得更好的時候，身邊的人就會更加讚美她，結果，她就變得不敢做得不好了，因為她怕做得不好之後，就沒有人讚美她了。

那麼，她最後是怎麼突破完美主義的呢？她的辦法就是，故意暴露自己的不足，或者故意做得不好，然後讓自己努力接受和習慣他人對自己的失望，而當她慢慢學會了如何安然面對他人的失望之後，也就走出了完美主義。

一般來說，只要能夠接受自己的不完美，接受自己一定會犯錯這個事實，就能從「不能犯錯」的壓力中解脫出來，也就不會那麼害怕犯錯了。不過，僅僅是接受自己會犯錯還不夠，還得賦予犯錯積極的意義，也就是要從犯錯中獲益，要把錯誤變成幫助成長的工具。只有這樣，我們才能徹底切斷犯錯和痛苦的連結，並把犯錯和積極情緒連結在一起。

說到這裡，我想分享一個我自己如何從犯錯中獲益的故事。過去這些年，我在認知水準和思考能力都有了突飛猛進的成長，這種成長很大程度要歸功於一個人，就是「人文課堂」的老師——謝田老師。

我和謝田是因為工作關係認識的，他是個文化旅行家，而我當時是一個旅行 App 創業團隊的一員，所以我們經常需要見面討論合作。

剛和他接觸的時候，我就發現我們的聊天模式很獨特，基本上都是他在說，我在聽。為什麼會這樣呢？那是因為每次我表達了自己的某個看法或觀點之後，他都會花近一個小時的時間從科學的角度來進行反駁，告訴我為什麼我的觀點是錯的。

說實話，我一開始很不習慣，也有一些抵觸情緒，但又找不到反駁的理由，只好聽著。雖然當場可能不完全接受他的觀點（因為沒有辦法完全理解），但事後都會反覆思考，甚至進行一些相關閱讀和研究，而每次深入思考之後，我都會發現他其實是對的。

有了幾次類似的經歷之後，我發現自己的抵觸情緒完全消失了，不僅如此，我甚至還非常期待他能指出我的錯誤，因為我知道，這是我糾正自己的錯誤認知，獲得成長的最佳機會。就這樣，我花了兩年的時間，充分利用與謝田的聊天機會，把自己能暴露出的認知錯誤全都暴露出來了，然後再透過思考和學習不斷重新建構認知，更重要的是，我在這個過程中逐漸掌握了科學思維，並學會了如何更加理性地思考問題。

這個以糾錯為主的學習過程不僅糾正了我的很多錯誤認知，還強烈改變了我對錯誤的態度，經過這兩年的時間，犯錯和成長已經在我腦海中形成相當緊密的連結。儘管當有人反對我的觀點，或者批評我的時候，我有時還是會感到不舒服，但事後都會花時間思考對方講的是不是有道理，是否有值得借鑑的地方，如果有，那麼我就虛心接受。

關於如何改變看待錯誤的態度，還有一個方法值得參考，就是為自己建立一個錯誤檔案或者錯誤日誌，把犯的錯誤記錄下來，當成學習素材，然後思考能夠從中獲得怎樣的成長和收穫。只要記錄一段時間，就能夠慢慢在潛意識裡把錯誤和成長連結在一起，也就能夠學會從成長的角度看待錯誤。

這個方法是從美國知名基金經理人達利歐那裡學來的，他在橋水聯合基金就是用這種「錯誤檔案」的方式，鼓勵員工把自己所犯的錯誤都記錄下來，然後供公司其他員工討論和學習。他在《原則》這本書中解釋了自己爲什麼要這麼做，他說：「錯誤是一定會犯的。如果我們懲罰錯誤，就是鼓勵大家把錯誤隱藏起來。這樣，我們就失去了從錯誤中學習的機會，這對公司的損失會更大。」

只要勇於直面錯誤和失敗，並且能夠把它們視爲成長的工具，就不會再陷入固定型思維模式，也不會再因爲犯錯和失敗而產生「我不行」「我做不好」之類否定式的自我信念，而是從持續的成長中不斷強化「我可以」的積極信念。

第二序列改變

史丹佛大學精神醫學與行爲科學教授保羅．瓦茲拉威克曾寫過一本《Change：與改變共舞》，書中提到了兩種類型的改變：第一序列改變（First-order change）和第二序列改變（Second-order change）。

所謂的第一序列改變，指的就是在同一思維框架中嘗試解決問題：你只是在做法上進行了調整，但是你所關注和迴避的東西、你看待世界的方式，以及你的價值觀都沒有發生改變。這樣的改變很多時候是無效的改變，無法眞正解決問題。第二序列改變則恰恰相反，它涉及的是視角、價值觀和信念層面的改變。

如果你一直在努力進行改變，嘗試了各式各樣的辦法卻發現問題依然還在，比如你還是那麼迷茫和焦慮，對自己還是充滿了失望和不滿，那麼很有可能你所做的僅僅是第一序列的改變，而你眞正需要的其實是第二序列的改變。

人生中大多數問題和煩惱，與我們的心態和看到問題的視角有著很大的關係。有時只要換一個角度去看，你就會發現問題自己消失了，根本不需要去解決，正如古希臘哲學家愛比克泰德所說的：「人不是被事情本身困擾，而是被其對事情的看法所困擾。」

一件事情本身並沒有好壞之分，好壞只不過是我們對它的主觀評判而已，它取決於看待問題的視角。我們可以選擇從積極的角度去看，也可以選擇從消極的角度去看。不同視角帶來的感受是完全不同的。

假如你總是喜歡從消極的視角去看待問題，生活難免會充斥著不滿和抱怨，但如果不管發生什麼，總能往好的方向想，那就會活得積極樂觀。一旦擁有這種積極樂觀的心態，你將發現，不僅少了很多煩惱和焦慮，很多事情也都開始往積極的方向發展，比如人際關係變得更和諧了，行動力也變得更強了。

不過，改變消極的思維方式可不是一件容易的事情，它需要一段時間的刻意練習（還記得嗎？我就曾經花了半年的時間進行自我對話。）

要如何具體執行呢？可以參考以下三個建議。

養成寫成長日記的習慣

研究發現，當人們遇到情緒困擾的時候，如果能夠把感受變成文字，或者只是簡單地把它說出來，就能有效調節情緒，讓自己感覺好很多。這就是寫日記的意義和價值。不過，寫的時候要盡量避免抱怨，只需要把事件和自己的感受如實寫出來就好。比如發生了什麼、這件事情讓我當時產生了怎樣的感受。

把事件和感受寫出來還有另一個非常重要的好處，就是利於我們進行「認知再評估」（cognitive reappraisal），具體來說，就是透過改變視角，讓自己對那些原本會令我們痛苦或者沮喪的體驗發生變化。

舉個例子，假設今天上司批評了你，說你某件事情做得不好，你可能會本能地把批評看成是對自己的否定，並因此感到沮喪和羞愧，但如果你能換個角度看待，把它看成是進步和成長的機會，那就不會有消極情緒，而是思考怎樣從中獲得成長經驗，以便下次做得更好。

其實，**人類的大腦天生就有一種消極偏向，也就是說，相較於積極資訊，大腦對消極資訊更爲敏感，也更容易從消極的角度解讀發生的事情。**

這是有進化層面原因的。要知道，在自然環境中，消極資訊通常意味著威脅，如果沒有立即注意到這些威脅，我們很可能會因此喪命。雖說積極資訊對長期生存和發展很有價值，但對眼前的生存影響不大，正是因爲當下的生存比長遠發展更爲重要，大腦才會把更多注意力資源配置給消極資訊。

然而，在日常生活中，我們很難意識到這種消極思維傾向，但如果有了寫日記的習慣，就能在寫日記的時候，有意識地審視和調整自己的思維傾向，訓練潛意識大腦從更加積極的視角，看待生活中發生的事情。這種思維習慣一旦養成，以後不管遇到什麼事情，我們都會很自然地從好的一面去看。

除此之外，還可以在日記中培養感恩的習慣，比如寫下今天發生的一件值得感恩的事情，這件事情不需要是什麼大事，任何平凡的小事都可以：它可以是他人一個溫暖的微笑或者一句鼓勵的話，也可以是那些平時被我們忽略了的家人的關心和照顧，甚至還可以是一些習以爲常的東西，比如健康、平安、陽光、空氣、花草樹木等等。

大量的心理研究都已經證明，感恩練習能夠有效提高一個人的幸福感和生活滿意度，也會讓人變得更加積極樂觀。在我過去的諮詢案例中，也常常看到一些諮詢者因爲持續寫感恩日記而發生巨大的改變。這其實很容易理解，因爲感恩會讓我們有意識地關注生活中那些美好的事情，如果眼中看到的是美好，那麼心中自然就會充滿積極的能量。

我們可以把每天的日記看成是睡前對這一天的簡單反思和總結，趁機訓練一下自我慈悲的能力，以及主動式和成長型思維方式。最好固定一個時間寫，不用寫太多，三到五百字就好，這樣比較容易堅持。偶爾錯過一兩天也沒有關係，重新開始就好。

成長日記案例分享

爲了幫助你順利開始，這裡分享一篇我的諮詢客戶的成長日記作爲參考。

在里斯本待了近兩個月之後，我和丈夫來到了他的老家——挪威。這裡空氣純淨，環境也很好，還有和氣細心的親人。雖然住在他表弟家會讓我感到很不自在，因為我一直都有這種超級害怕麻煩別人的毛病，所以非常懼怕住在別人家裡，但是我努力克服了這種社交恐懼。

每當我心裡難受的時候，都會有意識地為自己做心理輔導，效果非常好，比如我摔壞了表弟媳的手機螢幕保護裝置，當時心裡非常自責，心想我為什麼這麼笨，為什麼這麼倒楣，為什麼老天爺偏要跟我過不去！這個時候，我想到了「自我慈悲」，於是安慰自己：這只是一個小小的意外，隨時都可能發生，誰也控制不了，而且我也並不是總這麼倒楣，也沒人因為這個意外會覺得我很笨，並且因此討厭我。如果有，那就是他們自己的問題。想著想著，那種焦心的自責感突然消失了，緊接著，我馬上跟老公商量，儘快幫她買一個新的螢幕保護裝置，好讓我安心。

生活當中，挫折和意外是不可避免的，但最讓我們痛苦的往往不是事情本身，而是因為認不清現實，不能從現實的角度出發，做出有效的解決方案。這次的經歷讓我更加深刻理解了「痛苦不可避免，但苦難可以選擇」這句話的含義，所以感謝這次經歷，也感謝我可以在感到痛苦的時候選擇原諒和關懷自己。

給自己積極的心理暗示

不知道你有沒有意識到，不管是認知再評估還是感恩練習，它們本質上都是利用意識影響潛意識，不過除了這兩種方式之外，我們還有另外一個非常強大的工具可以使用，那就是「自我暗示」。

什麼是自我暗示呢?簡單來說，就是在內心自己跟自己說的話。事實上，這個工具我們平時經常使用，只不過都是在無意識的狀態下使用，而且很多時候，我們給自己的都是一些不好的心理暗示。

比如說，當我們擔心自己做不好某件事情的時候，會不自覺地在心裡重複這樣的話：「我一定做不好。」或是「我一定會失敗的。」又比如，面對一件自己不願意做的事情，就會在心裡暗自說：「我真的好討厭這件事情。」或是「我真的好不想做。」

這些都屬於消極的自我暗示，不僅對達成理想結果毫無益處，還會激發出更多相應的負面情緒，讓我們的行動增加阻礙。**要知道，信念的力量是極其強大的，你期待什麼往往就會得到什麼，這就是我們常說的「自我實現的預言」**，在心理學上，它還有另一個稱呼——比馬龍效應。

但是如果我們懂得如何有意識地運用自我暗示，就能充分利用它來創造有利於行動的積極情緒，推動自己朝著想要的方向前進。

說到積極心理暗示，我覺得朋友中最會使用這個技巧的就是蘇菲亞。蘇菲亞曾經是一家著名英語教育機構的教育顧問。在她剛進入這個行業的時候，由於沒有客戶資源，每天都必須打大量的陌生電話。但沒多久，蘇菲亞的業績就超過了那些入行時間比她更久的同事們，並且很快就做到了整個培訓中心的銷售冠軍，有時候甚至是整個區域的銷售冠軍。

我自己從來沒有做過銷售，所以在我看來，打陌生電話是一件極具挑戰的事情，因爲十有八九都會遭到拒絕。了解蘇菲亞這些經歷和成就之後，我很好奇她平時是怎麼面對這些拒絕的，蘇菲亞輕鬆回答：「很簡單呀，每次被拒絕的時候，我就告訴自己這很正常，不被拒絕才不正常呢！當我把拒絕看成是一件正常的事情時，我的情緒自然就不會受到影響。」

蘇菲亞還告訴我，**「這很正常」這句話其實是一個強大的情緒管理武器**，不管是對孩子、對團隊成員，還是對客戶都非常管用，很多時候只要說一句「這很正常」，對方緊張的情緒馬上就能平復下來。這麼多年來，她就是憑著這句話，讓自己擁有了強大的情緒管理能力、溝通能力和問題解決的能力，在職業發展的道路上也是一直處於直線上升的狀態。

我們在日常生活中所遭遇的各種焦慮情緒，通常都是因爲現實與內心的期待存在著衝突而導致的。積極心理暗示最重要的一個作用，就是主動消除這種衝突，比如蘇菲亞的那句「這很正常」就能有效消除預期和現實之間的衝突，沒有了衝突，我們也就不會因爲抗拒現實而產生消極情緒了。

再舉個例子，假如你在行動的時候，感覺到內心有很大的阻力，那一定是因爲頭腦裡一直重複著消極的暗示，比如「我不想做」「我等一下再做」「我做不好」等等。這個時候，如果你能給自己一些積極的心理暗示，比如告訴自己：「我想做。」「我現在就準備做。」「我要努力做好。」內心的抵抗情緒就會減少很多，行動就會變得沒有那麼困難了。

值得一提的是，自我暗示的用詞是非常重要的，千萬不要對自己說出「你必須……」之類的話，因爲這會讓我們有種壓迫感，很有可能引發內心的抗拒情緒。而是要用第一人稱

「我」，對自己說：「我要……」這樣的表達可以滿足我們對自主性的需求，當我們告訴自己，這件事情是自己選擇去做，而不是被迫去做的時候，我們的主動性會更強。

讓每天都有個積極的開始

最後的建議，是一個讓你每天一起床就能夠進入積極狀態的練習，這個練習稱爲「促發練習」。它是美國頗具影響力的人生激勵大師安東尼．羅賓斯設計的一套方法，也是他每天起床之後必做的練習。

「促發」是心理學上的一個術語，專門用來描述一種現象，也就是「預先體驗」可以影響之後的狀態和行爲。比如說，當你在電影院看完一部熱血澎湃的勵志電影，會突然覺得自己好像有了奮鬥的動力，對自己也更有信心了。但當你某一天心情特別糟糕的時候，你會覺得這一天好像什麼事情都不順，看誰都不順眼。這些都是典型的促發效應（Priming Effect）。

羅賓斯設計的促發練習就是源自這個效應。既然我們的狀態和行爲會不自覺地受到預先體驗的影響，那爲什麼不充分利用這種心理效應，爲自己服務呢？假如我們能夠在每一天的開端都主動爲自己創造積極美好的體驗，那麼接下來的一整天豈不都能因此而受益？

我在羅賓斯設計的練習基礎上進行了一些調整，把這個練習的具體步驟整理如下：

①坐下來：

找個安靜的地方，坐好。雙腳放在地板上，肩膀向後，胸口向上，頸部伸直，頭抬高。

②呼吸：

調整你的呼吸，深呼吸。呼吸的時候，可以把一隻手放在胸前，感受心臟跳動的力量。進行三組呼吸練習，每組十到十五次，每組之間以一個平常的呼吸做爲間隔。（建議時間：兩分鐘）

③感恩練習：

想想值得感激的三件事，可以來自過去，也可以來自現在或未來。不需要是什麼改變人生的重大事件，任何小事都可以。比如過去鼓勵和幫助過你的老師、家人對你無微不至的關愛、今天美好的天氣。進入第一件事情的想像畫面，接著轉到第二件事，然後再轉到第三件

事。（建議時間：三分鐘）

④自我療癒：

現在是關愛自己的時候了。你可以想像彩色的光照在身上，塡滿了整個身體，治癒了身上所有需要治癒的地方，把你心靈深處的傷痛和恐懼都帶走，然後盡情感受身體和心靈被光塡滿時的溫暖和舒適感。（建議時間：兩分鐘）

⑤分享關愛：

現在把你剛剛透過自我療癒所獲得的能量分享給其他人，讓這種能量溢出你的身體，想像它湧向你的家人、朋友、同事、客戶，甚至你只見過一次面的陌生人。（建議時間：一分鐘半）

⑥自我激勵：

接下來的兩分鐘，想想你最重要的三個目標，它可以是長期的奮鬥目標，比如成爲一個什麼樣的人，擁有什麼樣的能力和才華。也可以是中期的年度目標，比如實現一個什麼樣的突破。或者是短期的本週目標，比如完成一件什麼任務。

想像這些目標現在都已經實現了，體會一下實現之後的興奮和喜悅感，然後想一想，爲了實現這個目標，你今天必須做出怎樣的努力？鼓勵一下自己，告訴自己：「不管遇到怎樣的困難，我都會積極面對。」（建議時間：兩分鐘半）

⑦迎接新的一天：

花點時間舒展一下筋骨，回想剛剛做的所有積極練習。你現在已經把自己調整到最佳自我狀態了，保持這種狀態，然後走出去征服這一天，不要讓今天的自己留下任何遺憾。

如果你可以把這三件事情堅持下去，每天早上起來花十分鐘進行促發練習，白天利用積極的心理暗示及時調整自己的心態，晚上用日記對這一天進行總結，培養感恩之心。那麼一段時間之後，你就會發現整個人都變得越來越積極，狀態也會越來越好。

掃描QR code
獲得促發練習
的音檔引導

Chapter 3

打造自我實現系統

我們總是羡慕那些能夠把事情堅持到底，並最終獲得傑出成就的人，但我們不知道的是，他們之所以能夠持之以恆，關鍵原因並不在於意志力，也不在於時間管理技巧，而是因為他們有著強烈的內驅力，懂得為目標賦予動機，這才是成功的真正秘訣。

把問題轉化成目標

日常生活中，我們經常遇到各式各樣的問題。面對問題，大多數人的本能反應就是問怎麼辦。這其實是一種錯誤的思維模式。爲什麼呢？很簡單，因爲你連問題是什麼都還不知道，怎麼解決問題呢？

你可能會覺得很困惑：「問題不就擺在眼前嗎？爲什麼說我連問題是什麼都還不知道呢？」

這是因爲，「問題」這個詞其實有著多重含義：當我們說自己遇到某個問題時，想表達的意思其實是：「遇到了一個不想要的狀況」或者「現在的處境不是我們想要的」，此時「問題」代表的是某個不想要的狀態或處境，而當我們向他人尋求幫助，別人問「你的問題是什麼」的時候，他們眞正想知道的是：「你想要的是什麼？」此時「問題」代表的是，現實狀態和理想狀態之間的差別。

問題思維 VS 目標思維

明白了這兩種不同的含義之後，你也就能明白，爲什麼在遇到問題時不應該先問「怎麼辦」，而是得先思考「問題是什麼」，也就是要問自己「我想要的是什麼」。

假如你在還不知道自己想要什麼的情況下，就去思考「怎麼辦」，那麼大腦就會把「怎麼辦」翻譯成「我怎麼樣才能擺脫這不想要的狀態？」這會迫使你把全部注意力都放在那個不想要的狀態上。

但問題是，行動需要目標來提供方向，沒有方向便不知道如何行動，於是只能原地打轉，陷入一種焦慮的狀態出不來。人在焦慮的時候，會很容易想到更多負面的事情，製造出更多的焦慮和擔心，結果就更加出不來了。

如果是在知道自己想要什麼的情況下去思考「怎麼辦」，那麼大腦就會把「怎麼辦」翻譯成「怎樣才能達到我想要的狀態？」這個時候，你的注意力就會放在想要的結果和狀態上。有了明確的目標之後，大腦便可以根據這個目標來思考和規畫接下來的行動。

大腦的規則其實很簡單，它就像是一部被設定好了的機器，只要輸入了消極的想法，比如總是關注不想要的狀態或某個害怕出現的結果，那就一定會得到消極的感受。如果你想要動力，想要積極的情緒，那就得輸入那些能夠讓你激動和興奮的想法，就得把注意力放在想要的結果和狀態上，用想要的結果來激勵和引導自己。

這就是爲什麼遇到問題想要解決時，得先理解和定義問題。這個理解和定義問題的過程，實際上就是一個釐清現狀和目標的過程。有了目標之後，你才會知道如何去做接下來的行動計畫，否則，你就只能在無效的思考中不斷強化負面情緒，問題也不可能得到解決。

當你養成問自己「我想要的是什麼」的習慣，並懂得把注意力保持在想要的狀態上，而不是總想著那些不想要的結果之後，你便能成功從「問題思維」轉變成「目標思維」，這種思維習慣可以說是所有高效能人士都共有的底層思維習慣。

找到那件最重要的事情

問題思維：我討厭現在的狀態，怎樣才能擺脫它？

目標思維：我現在的狀態是X，我想要的狀態是Y，怎樣才能達到Y？

明確定義問題，並知道自己想要什麼之後，接下來就可以進入解決問題的階段，也就是思考「怎麼樣才能達到自己想要的狀態」。如果說定義問題的關鍵在於明確知道自己想要的是什麼，那麼解決問題的關鍵則在於準確找到實現目標的策略。

說實話，這個尋找策略的過程並不簡單，因爲生活和工作中眞正會對我們造成困擾的，大多屬於複雜問題，這裡所說的「複雜」指的是，我們想要追求的結果通常是一種動態平衡的狀態，這種狀態存在著很多影響因素，因素之間又存在著錯綜複雜的相互關係。這就爲問題的解決帶來了極大的複雜性和不確定性，因爲短期來看，很多策略都看似對結果有影響，但這種改變是暫時且不可持續的（只是暫時打破了之前的那種動態平衡），過不了多久，一切又會回到原來的狀態，問題依然存在。

不過值得慶幸的是，對於任何一個複雜問題來說，重要的影響因素通常只占極少數，甚至就只有一兩個，而不重要的因素占絕大多數，所以，只要控制了這些重要的少數因素，就能全盤控制。

從這個角度來說，解決問題或者說實現目標的關鍵，就是要找到那些對結果產生至關影響的關鍵點，只要找到這個關鍵點，然後把精力集中在上面，就能得到想要的結果。這就是大家所熟知的「80／20法則」，也就是帕雷托法則。

關於如何把「80／20法則」運用在生活和工作中，美國地產大亨蓋瑞·凱勒提出了一個非常實用的建議，那就是「最重要的事情只有一件」，這也是他在帶領公司走出經營危機的過程中，總結出來最重要的經驗。

凱勒是北美最大不動產公司凱勒．威廉斯房地產公司的董事長。他的公司曾經陷入非常嚴重的經營困境，爲了讓公司走出危機，他做了很多努力，最終結果卻還是一團糟。

這個時候，他的導師給了他一個建議，此時只需要做一件事情就能扭轉公司的處境，那就是標記出十四個關鍵職位，然後指派給眞正能勝任的人。儘管心存懷疑，但凱勒還是決定照做。於是他辭去執行長職位，專注於尋找這十四個關鍵人。

這個決策後來被證明是正確的——不到三年時間，他的公司便實現了持續盈利，而且以非常快的速度成長。

但是一段時間之後，凱勒又發現了新的問題，這十四個關鍵人雖然能夠完成他們承諾的大部分工作，但是有時候最重要的工作卻沒有完成，導致他們的工作陷入困境。

於是，他嘗試讓這些人簡化並專注於最重要的工作，從「本週需要做幾項工作」變成「本週最重要的三項工作」，再到「本週最重要的兩項工作」，但依然不見起色。絕望之下，他打算試試「只做一項工作」這個方法。結果，這十四個關鍵人的業績直線上升。

從那以後，凱勒便把「只做一件事情」定爲他最核心的管理策略，並把它運用在生活和工作的各方面。在凱勒看來，**無論工作還是生活，想要取得最好的結果，就要盡量**

縮小目標，因爲決定我們能否成功的不是做的事情是否夠多，而是做的事情是否正確，以及我們在這件事情上是否足夠專注。

所以，在尋找解決問題的方法和實現目標的策略的時候，你也可以採取凱勒的建議，學會問自己：「爲了得到想要的結果，最重要的那件事情是什麼？」

當然，這個問題的答案很大程度取決於你的經驗和相關知識積累。在某個領域耕耘的時間越長，對這個領域的基礎邏輯理解得越深，那麼你對關鍵點的把握就越準確，解決問題的能力自然也就越強。

別把手段當目的

有了策略之後，接下來就要開始行動，進入策略的執行階段了。不管我們想要的是什麼，最終都必須透過行動獲得，只有得到想要的結果，實現想要的目標，問題最終才算得到解決。

不過，你必須明白的是，依照策略行動並不一定就能得到想要的結果。這是因爲所有行動本質上都是一種實現目標的手段，你選擇怎樣的手段去實現目標，取決於你對關鍵點的判斷。然而，這種判斷僅僅是一種主觀猜測，它有可能是錯誤的，也就是說，你選擇的手段很有可能不是實現目標的有效策略。

如果不明白這個道理，你就會很容易混淆手段和目的。這是很多人在行動過程中不自覺犯下的錯誤，誤把手段當成目的堅持，而不思考做這件事情到底是爲了什麼。

假如一件事情做了很長時間，都沒有得到想要的結果，那一定是因爲選擇的手段是無效的。這個時候，你得及時停下來反思，而不是繼續堅持下去，因爲如果此時的手段無法幫助你實現目標，那麼一切努力都是無效的努力。

所謂的反思，實際上就是退後一步，回到問題和目標的階段，重新問自己這些問題：我要解決的問題是什麼？我想要的結果到底是什麼？

回到定義問題的階段，有時你會發現，自己對問題的理解已經發生了改變，想要的東西也不太一樣了。這是很有可能會發生的，因爲人的想法並不是一成不變的，而會隨著經歷的增加而發生改變。不管你的想法是否發生了改變，對目標重新進行思考，都能幫助你從更高的視角來審視自己的行爲和選擇，避免盲目努力。

重新審視完目標之後，你還必須對手段進行調整，也就是重新思考關鍵點和解決方案，然後再根據調整結果繼續行動。

這個過程就是我們常說的「試錯」。試錯是解決問題追求目標過程中不可避免的，因為當你不知道該如何解決某個問題的時候，唯一的辦法就是嘗試，先選擇一個可能的解決方案去行動，如果失敗，那就選擇另一個可能的解決方案再接著嘗試下去。

說到這裡，我們不僅知道了面對問題時正確的思維方式，還了解了從明確定義問題（目標）到尋找解決方案（關鍵點），再到行動、反思和調整（試錯），直至目標得以實現，這個完整的問題解決過程。

你可能會覺得這個過程有些複雜。的確如此，因為解決問題的過程原本就是動態的，充滿著不確定性的，是思考和行動並行的，思考為行動提供方向，行動為思考提供回饋。

有了這樣的正確認知之後，你就會懂得，在遇到問題，尤其是複雜問題的時候，不能期待問題馬上就能解決，也不能執著於確定性，覺得必須等到有了確定的答案才開始，因為你不可能得到確定的答案，一切行動的本質都是在試錯。

即便一開始的目標和策略是錯誤的，這也沒有關係，要知道，目標的作用僅僅是讓你開始行動，只有行動起來了，有了真實的回饋，你才有可能對自己一開始的思考進行評判和糾正。況且，真正重要的，其實並不是最後的結果，而是過程——你能否在解決問題的過程中，透過持續的思考、行動和試錯獲得各方面能力的積累與提升。說到底，能力才是最為寶貴的個人資本，不是嗎？

我的眞實案例分享

以上所說，其實就是我平時在生活和工作中思考和解決問題的思路，我解決問題的能力也正是在這樣持續思考和行動中慢慢發展出來的。爲了幫助大家更能充分理解和運用這套解決問題的思路，我再分享一個自己的眞實案例。

在我做公衆號的初期，有一段時間過得很焦慮。之所以焦慮，是因爲我要求自己每週至少要發送一篇文章，但問題是，有時候我就是沒有靈感，寫不出來。有一次，又到了要發送文章的時候，我當時其實準備了一篇文章，但自己並不滿意。爲了做出是否發文的決定，我只能逼著自己去反思。

從表面上來看，我的問題是怎樣保持每週一篇文章的發文頻率，但這是眞正的問題嗎？當我深入問自己爲什麼一定要保持發文頻率的時候，我發現這個規則的背後其實是我內心的恐懼：「我害怕如果不持續發文，大家就會取消對我的關注。」而在我看來，擁有一批忠實的讀者對於未來事業的發展以及我自我價值的實現是至關重要的。這個時候，我才恍然大悟，原來我眞正想要和渴望的是自我價值的實現，而非保持一定的發文頻率，我之所以在意發文頻率，是因爲我想要持續增長忠實讀者。

緊接著，我繼續問自己：「爲了保持忠實讀者的增長，我要做的那件最重要的事情是什麼？」很快我便有了答案。其實，讀者選擇關注我，並不是因爲我能夠以一種很高的頻率發送文章，而是因爲覺得內容有價值、有幫助，所以數量不是關鍵，關鍵在於品質，如果我沒有辦法同時保證數量和品質，那麼我就應該放棄對發文頻率的執著，把精力放在品質上。

想明白這些問題之後，我感覺自己瞬間解脫了，我再也不需要爲了發文而發文，也不需要擔心讀者會因此而取消關注，因爲我知道，眞正欣賞我的讀者一定會保持關注，而我需要做的，就是把精力放在自身能力的提升上，比如透過學習、思考和寫作來解決困惑，然後用實踐來檢驗自己的方法和理論，最後再把所有積累轉化成對他人有價值的內容和產品。

從那以後，我便踏實地專注在自己認爲有價值的事情上，不再因爲一些掌控不了的事情而焦慮和擔心了。

「為什麼」思維VS「是什麼」思維

身邊了解我的朋友，都非常佩服我的一個能力，那就是行動力超強。每次有了一個想法，我都能非常快地展開行動，並且在計畫的時間內把這個想法變成現實。這種強大的行動力不僅是我的核心優勢之一，也是我自信的重要來源。

爲什麼我的行動力可以如此之強呢？前面說到的積極的自我信念和目標思維無疑都發揮了重要的作用，但這並不是全部，還有另外兩種思維也扮演著非常重要的角色，分別是「爲什麼」思維，和「是什麼」思維。「爲什麼」思維是一種抽象思維，關乎的是目標背後的動機。這樣的抽象式思考是非常必要的，它能夠幫助我們把要做的事情，與一個更大的目標或者期待的未來連結起來，賦予目標意義感。

抽象的思考往往讓人激動，因爲它們讓我們想像出一個可能的美好未來，但問題是，如果思考只停留在這個層面，那麼這個未來就永遠只存在於想像之中。要把頭腦中的想法變成現實，我們還得依靠「是什麼」思維的幫助。

與「爲什麼」思維完全相反，「是什麼」思維是一種具象思維，它關乎的是具體的東西，比如具體的結果、具體的行動等等。這樣的具象思考同樣非常重要，因為它幫助我們把抽象的思考逐步具體化，直至當下可以執行的具體任務。

這兩種思維對於目標的設定與實現都是極為關鍵的。從本質上來說，目標其實是未來與現在的重要連結：它的一端連結著我們想要的未來（願景），另一端則連結著當下要做的具體事情（行動），只有實現了這兩種連結的目標，才能發揮其應有的作用，即在給予我們動力的同時，為行動提供具體指導。

改變的五個情緒階段

美國知名企業顧問布萊恩．摩倫融合了心理學理論後提出，當我們想要進行一項行為改變的時候，通常會經歷五個情緒階段。

第一個階段稱為盲目樂觀階段。這個階段發生在想要追求某個目標的時候。這個時候，我們滿腦子想到的是改變實現之後的場景，這會讓我們處於興奮和激動的情緒。

第二個階段稱為消極階段。這個階段的特點是，消極情緒逐漸取代了之前的樂觀情緒，因爲我們會發現這件事情遠比想像的難，過程中充滿了困難和挑戰，比如當我們接觸一個新的領域，或者做一件以前沒有做過的事情時，會有一種摸不著頭緒的感覺，因爲所有事物都是全新的、不熟悉的，這會導致認知超負荷，並讓人產生極大的焦慮感。

第三個階段稱爲絕望階段。隨著挫敗感和焦慮感的加強，我們會感覺越來越絕望，因爲目標的實現似乎變得遙遙無期，而眼前的痛苦卻是那麼眞實和難以忍受。面對這種痛苦和絕望，最初的目標似乎變得沒有那麼重要了，之前的興趣也完全消失了。這個時候，只有一個方式能夠快速結束這種痛苦，那就是放棄。

第四個階段稱爲合理樂觀階段。很多人在痛苦前選擇了放棄，但如果堅持下去，一段時間之後，我們就會開始對這件事情感到漸漸熟悉，那些與目標相關的任務也會開始變得越來越簡單。這個時候，情緒會從之前的消極再次回到積極狀態，對自己的信心也會不斷加強。這個階段，我們要做的就是繼續堅持。

第五個階段稱爲成功階段。最後，我們終於成功實現了自己的目標，也從中獲得了極大的滿足感和成就感。

了解了這五個情緒階段之後，我們就更能明白「爲什麼」思維的重要性了，因爲當我們身處改變的消極和絕望階段時，需要一個強大的理由來提供繼續下去的動力，如果不知道自己爲什麼要做這件事情，或者這個「爲什麼」不足以支撐我們去克服過程中的種種困難，那麼最後的結果一定是放棄。

追求自我和諧的目標

那麼，我們要如何訓練自己的「爲什麼」思維，什麼樣的動機才能爲我們帶來足夠、持久的驅動力呢？哈佛心理學教授班夏哈曾在《更快樂》一書中提到，目標對於持續的幸福感很重要，然而並非所有目標都值得追求，一個目標能否增加我們的幸福體驗，能否給予我們足夠的動力，關鍵在於它是否具有自我和諧性。

什麼是自我和諧的目標？簡單來說就是，這些目標必須是出於我們眞實的願望和興趣，屬於自主選擇，而不是他人所強加或者出於某種外在的壓力。這裡的「自我和諧」，指的是與自我發展興趣和內在價値觀是和諧一致的，沒有衝突。

一般來說，我們做一件事情背後的動機可以分爲兩大類，內在動機和外在動機。如果我們做一件事情不爲別的，就是爲了這件事情本身，是因爲我們眞的很喜歡，很享受它，那麼這個時候我們的動機就屬於內在動機，我們做這件事情的動力完完全全是由內而來的，沒有任何外力的作用，也不是爲了得到什麼。

拿我自己來說，曾經有兩件事情是我特別熱愛的，一個是畫畫，一個是英文。我小時候對畫畫的喜愛簡直到了瘋狂的地步，還記得上小學的時候，老師在上面講課，我就在下面偷偷畫畫，在家裡也經常自己一個人畫好幾個小時的畫，把腦中的故事、人物都畫出來。

初中之後開始接觸英文，從此我的興趣就慢慢從畫畫轉到了英文，我對英文的熱愛也眞的可以用痴狂來形容，我只要一有空閒就會讀英文、聽錄音帶，然後跟著模仿，所有的課文都背得爛熟，可是課本根本滿足不了我的需求，於是，我買了很多課外讀物，去聽、去讀、去模仿。

這就是典型的內在動機，爲什麼我會那麼喜歡這些事情呢？說實話，其中一個很重要的原因就是我在這些事情上是有獨特天賦的，所以我很享受。一般來說，人都會對自己有獨特天賦的事情表現出極大的興趣，並且願意在這件事情上投入大量的時間和精力。當一個人完全出於內在興趣、內在動機去做一件事情，那麼這個時候的他就是最眞實、最快樂的，自我和諧性也是最高的。

了解了內在動機，我們再來看看什麼是外在動機。

外在動機可以細分成四個不同的層次，分別是外在調節（external regulation）、內攝調節（introjected regulation）、認同調節（identified regulation）和整合調節（integrated regulation）。它們之間的關鍵區別在於目標的內化程度，或者通俗一點說，在於它與我們自認爲的「眞實自我」有多接近。

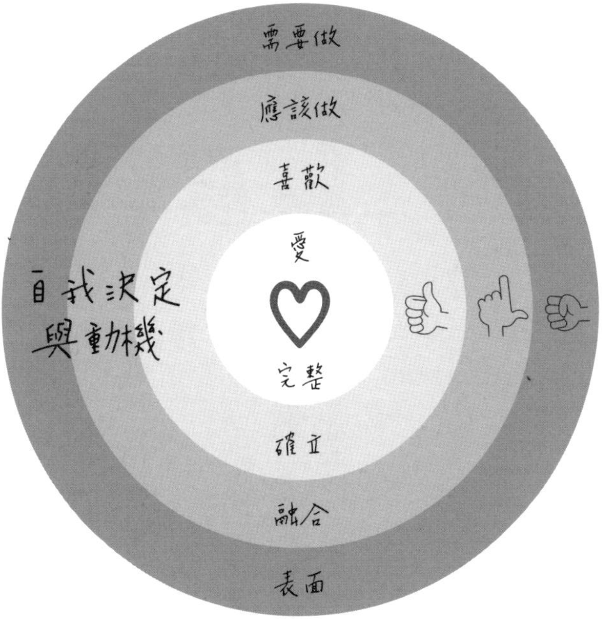

自我決定與動機的關係。

外在調節：

當我們被迫去做某件事或僅僅因爲外部的獎勵而去做某件事情時，比如完成了某項任務就能得到報酬，無法完成某個任務就會受到懲罰。這樣的情況通常被我們認爲是「不得不做」的事。

舉個例子，如果你工作僅僅只是爲了賺錢養活自己，或者完成上司指派的工作任務僅是爲了不被批評，那麼這個時候你的動機就屬於外部動機。外部動機的自我和諧性是最低的，如果你生活中大部分事情都是屬於這類型，那麼你的幸福感就會非常地低，生活中缺乏活力與動力，不知道自己爲什麼而活。

內攝調節：

當我們接受了某種外部評價標準，比如社會主流對成功的定義，並主動用它來要求自己時。這種類型的動機與自尊息息相關，其背後眞實的目的大多是爲了自我防禦——維護或提升自己在他人眼中的地位或社會地位，是爲了滿足社會、父母對你的期待，爲了讓自己看起來更成功、更優秀、更有面子。

內攝調節的內化程度稍微高一些，因爲這類目標是自己要求自己追求的，但我們去做並不是因爲這件事情本身有多重要，而是爲了避免某種痛苦，像是避免不被社會接納和認同的痛苦。

認同調節：

當我們認爲某個目標對自己來說眞的很重要，與內在價値觀一致，與他人及社會對我們的要求和期待無關時，這樣的目標就能爲我們帶來一種和諧感和意義感，做這件事情的時候就不會有被迫或者不自由的感覺。

整合調節：

整合調節的自我和諧性最高，當某件事對我們來說不僅是重要的，而且已經和自我融合，成爲了我們的人生夢想、人生追求，甚至是人生使命，比如有人願意花費大量時間磨練自己的繪畫技能，因爲他想成爲一名出色的畫家；有人願意把一生貢獻給某個領域，因爲他們的人生追求就是在這個領域裡做出貢獻。

自我和諧的目標之所以能夠帶來強大的動力和幸福感，是因爲自主是人性中最爲重要的基本需求之一，只有當我們眞正認同某件事情的時候，才會在做的過程中體會到和諧感、自由感與意義感，才會願意在這件事情上投入大量的精力和時間，也就不會因爲遇到困難而退縮和放棄。

向內思考：尋找內在動力

生活中，我們經常會爲自己設定各式各樣的目標。這些目標不管是什麼，背後都存在著某種動機和理由，這種動機往往藏在潛意識中，很難被察覺。想要理解這種動機，就必須透過反思「爲什麼」，來把背後那些更爲深層的東西挖掘出來。這個自我挖掘的過程就是我們經常聽到的「向內思考」。

有了這樣的反思，便能把潛意識層面意識不到的東西帶到意識層面，也就能夠看清楚，想做這件事情到底是因爲目標眞的很重要、很有意義，還是因爲想要擺脫那種覺得自己不夠好的自卑感，或者是爲了追求一種優越感，讓自己看起來更成功、更有社會地位。

假如我們發現背後的動機屬於後者，那麼就必須進行調整，因爲這樣的目標屬於以結果和表現爲導向的績效目標，而非以過程和成長爲導向的成長目標，它不僅沒有辦法讓我們在追求的過程中獲得精神上的滿足，還會使得我們很容易因爲困難和挫折而放棄。

怎麼調整呢？關鍵在於重新爲這件事情賦予意義，比如將它與眞實的自我發展興趣，或者眞正看重的一些東西連結起來。當我們想清楚自己爲什麼要做這件事情，並從中找到意義感之後，便會產生戰勝困難的力量和勇氣。

當然，經過反思，我們也有可能發現這個目標對自己來說並不是眞的那麼重要，這件事情也並非眞的「不得不」做。這個時候，我們就應該勇敢且果斷地放棄這個目標，然後把精力投入到更爲重要的事情上。

這種向內思考的能力對於自我發展來說非常重要，因爲擁有目標最重要的意義和作用，並不在於「實現」，而在於給予我們一個明確的奮鬥方向，讓我們投入其中，享受這個爲目標不斷努力、不斷自我突破的過程。也就是說，中間的奮鬥過程遠比最後的結果重要，而決定我們能否投入其中的不是目標本身，是目標背後的動機，亦即爲什麼要做這件事情。

平時，我們總是羨慕那些能夠把事情堅持到底，並最終獲得傑出成就的人，但我們不知道的是，他們之所以能夠持之以恆，關鍵原因並不在於意志力，也不在於時間管理技巧，而是因爲他們有著強烈的內驅力，懂得爲目標賦予動機，這才是成功的眞正秘訣。

「好目標」背後的秘密

心理學上有個概念，叫做「心理距離」，它描述的是人類大腦的一種特殊能力，也就是在抽象和具體之間相互轉換的思考能力。

什麼是「心理距離」？簡單解釋就是，只要我們思考的內容不是此時此刻的自己，心理距離就會產生，思考的內容與此時的自己越遠，心理距離就越大，比如思考明年的自己所產生的心理距離，就比思考明天時產生的大。

心理距離的大小決定了我們的思考抽象還是具體，心理距離越大，大腦越會在抽象層面進行資訊加工；隨著心理距離縮短，我們的思考內容也會慢慢變得更加具體。

這種特點意味著，當我們思考未來或者長遠計畫的時候，一定是以一種抽象的方式進行的。如果想要把這種想法變成現實，那就必須縮短心理距離，把自己從未來拉回到現在，然後思考，爲了創造想要的未來，我們此時必須做的是什麼。這便是「是什麼」思維。

透過更爲具象的思考，我們最終要得到的，是一個能夠給予我們行動指引的具體目標。目標若是不具體，大腦在面對目標的時候就會不知道從何下手。不過，僅僅是具體還不夠，它還必須是可衡量、可控的，以及短期可以實現的。只有滿足這幾個條件的目標，才算得上是「好目標」。

學會將抽象想法落地

如果你曾經看過有關目標管理的書，我敢肯定，你一定聽過「目標必須是具體且可衡量的」這個建議，我也敢肯定，即便是知道，你依然會設定出類似「提高寫作能力」這樣的目標。

最後的結果你不說，我也能猜到，最終你的寫作能力並沒有提高，因爲根本就沒有開始寫。爲什麼會這樣呢？很簡單，因爲你的目標不符合「具體和可衡量的」這個標準，「提高寫作能力」太抽象了，無法爲行動提供具體的指導。

那麼，怎樣的目標才是具體和可衡量的呢？

我想先分享一個很多年前重學歷史的故事，這也是我第一次意識到「把目標具體化」的好處。歷史曾經是我中學時期最討厭的一門學科，因爲歷史老師講課講得實在太無趣了，根本激不起我的興趣，我又很貪玩，不願意花時間死記硬背那些歷史知識，以至於我的歷史成績一直都很差。

但是，後來隨著年齡的增長，我逐漸意識到了歷史知識的重要性，我發現有很多事情必須從歷史的角度才能眞正理解，也爲自己不懂歷史而感到有些自卑。爲了彌補這種歷史知識不足的缺憾，我決定重新學習中國歷史。

在亞馬遜搜尋歷史書的時候，有本書特別吸引我，書名叫做《你一定愛讀的極簡歐洲史》。送到時，我才發現這是一本薄得令人驚訝的書，才兩百三十頁！

書的引言中有這麼一段話：「歷史書總會觸及衆多人物和事件，這是歷史的好處之一，帶領我們貼近人生。不過，這一切有什麼意義呢？哪些才是眞正重要的東西？」讀到這句話的時候，我不禁問自己：學習歷史的意義和價値到底是什麼？我又該用一種怎樣的方式重新學習歷史呢？

不得不說，這本書給了我一個看待和理解歷史的全新角度。這本書讀完之後，我也釐清了自己重新學習歷史的目的。我想要從宏觀的角度理解人類文明的發展規律，找到中國文明的基本元素，從本質上了解中國文化的特點以及其背後的原因。此外，我還幫自己設定了一個具體的任務，就是最後要以一篇文章的形式總結自己對這些問題的思考。

帶著這個具體任務，我開始了中國歷史的學習。由於我選擇的是宏觀視角，在這個過程中，我忽略了大部分的人物、事件等細節，而是關注歷史的發展規律以及這些規律背後的原因，並且同步記下自己的相關思考。

三個月之後，我順利完成了一篇五千多字的文章，總結了我在這個學習過程中發現的一些人類社會發展的內在規律，以及對中國文化造成關鍵影響的幾個歷史節點。

這次經歷讓我感觸很深，也給了我很大的啓發。在此之前，我也經常爲自己設定各式各樣的學習目標，但最後幾乎都以失敗告終。這次經歷讓我意識到，把目標變成一個有挑戰、有明確產出結果的具體任務，是個非常明智的策略，能夠大幅提高目標實現的可能性。

從那之後，**不管做什麼，我都會把它變成一個有截止日期和明確產出結果的項目，因爲我知道，只要完成了這個項目，與之相關的目標自然也就實現了**。比方說，我從來沒有爲自己設定過「提高寫作能力」這樣的目標，我只會爲自己設定具體的寫作任務，而我的思考和寫作能力就在一篇篇具體的文章寫作任務和反覆修改中自然提高了。

當然，我們會發現，生活中有些目標是沒有「完成」和「產出」概念的，而是必須一直持續下去，比如健身、健康飲食等等。這個時候，我們要做的就是將這些事情「習慣化」，不過對於這種「習慣式」目標，我們依然需要有具體明確的可衡量標準。

比方說，如果你想要自己更健康，擁有良好的運動習慣，那麼單單設定一個「每週運動」的目標是沒有多大幫助的。一定要明確地列出做什麼、什麼時間，以及具體的頻率。

「每週一到週五，早上六點，晨跑一個小時」就是一個非常具體的目標，它實現的可能性一定遠遠大於類似「每週運動」這樣的目標。

別高估了自己的能力

我的一位朋友曾經跟我說過這樣一個困惑：她每天都會爲自己列出一個任務清單，但她發現經常會有無法完成的情況。我請她舉一個具體的例子，她說，那些無法完成的任務大多都和同事有關，比如請同事完成一個設計圖，但同事總會拖延，導致她的任務無法達成。

聽完這個例子，我馬上知道問題出在哪裡——她設定的任務是自己無法掌控的。因爲這個任務是否能夠完成，以及什麼時候能夠完成，並不由她操控，而是取決於她的同事。

所以，她的困惑很好解決，只要改變一下任務的描述就好，只寫自己有能力掌控的事情，而不寫那些自己掌控不了的事情，比如把任務從「完成設計圖」調整爲「與同事溝通設計圖的任務，並明確提出需求完成的時間」。這樣一來，這個任務就變成自己可以掌控的事情，也就不會出現因爲他人的原因而完成不了的情況。

事實上，目標設定也是同樣道理。假如你為自己定下的目標是不可控的，那就很容易在行動過程中產生焦慮感和無助感，這不僅會影響行動力，使得你無法朝著想要的目標邁進，甚至還會讓你對自己失去信心。

如何判斷一個目標是否可控呢？

根據研究，人在面臨任務時心理上會有三個對應區域：舒適區、學習區和恐慌區。假如我們面對的事情是自己熟悉的，是得心應手的，那麼做這件事情的時候，就是處於心理上的舒適區。假如這件事情對我們來說有一定的挑戰性，但依然屬於能力範圍內，相信自己有能力把它做好，那就屬於學習區。但如果這件事情超出了我們的能力範圍，會帶來很大的焦慮感，甚至是不堪重負的感覺，那就屬於恐慌區。

一個目標只要不是在恐慌區，就屬於可控的目標。雖說位於舒適區的目標也是可控的，但這樣的事情沒有任何挑戰，也無法為我們帶來成長和進步，很容易在做的過程中對它失去興趣。所以，最好的目標應該處於學習區，既有一些難度和挑戰，又不至於讓我們感到壓力太大。

總而言之，在設定目標時，一定要有合理的期待，不要高估了自己的能力，設定一些難度過高的目標，因為這注定很難實現，還會讓人產生強烈的挫敗感。

為了確保目標是合理可控的，你可以問問自己：「我有多大的信心把這件事情做好？」

如果你信心不足，不相信自己可以做好，而且感到壓力很大，那就必須調整目標，比如拉長時間線，或者對目標進行拆解，直至它成爲可控的目標。

計畫越長，越難實現

很多人在設定目標與計畫的時候，不是把計畫做得很長，比如打算花一、兩年時間完成某個大目標，就是只設定目標而不設定時間期限。說實話，這也是我以前的習慣。後來才漸漸意識到，缺乏時間意識恰恰是導致目標難以實現的重要原因。

爲什麼會這樣呢？至少有以下三個原因。

原因①：勝利太遙遠

我們都知道，目標有一個非常重要的作用和價值，就是爲行動提供動力。之所以會做某件事情，一定是因爲我們相信這件事情能夠帶來期待的結果。

對於大腦來說，這個結果就是一種「獎賞」，每當想到這個結果，大腦就會分泌大量的多巴胺，會讓內心產生一種想要的衝動，這種想要的衝動就是所謂的動力。動力對於目標的實現來說非常重要，因為缺乏動力就不會行動，不行動，目標當然實現不了。

然而，大腦還有一個重要的特點，就是相較於未來的收益，更在乎眼前的快樂和利益。這種特點在心理學上還有一個專門的術語，稱為時間折扣，簡單解釋就是，得到某個收益所需要的時間越長，對我們的吸引力就越弱，比方說，一個月之後才能拿到的一百元，它對大腦的價值低於現在就能拿到的一百元。

對於目標同樣如此，如果必須經過很長時間才能得到某個結果，那麼它對我們的吸引力就不會太強，我們更容易被眼前的快樂所誘惑。所以，想要目標看起來更具吸引力，就得透過縮短實現時間，來製造一種「勝利就在眼前」的感覺。

一般來說，三個月是很合適的期限，三個月時間足夠實現一個比較具挑戰性的目標，但又不算太長，足以讓我們看到實現的希望，只要想到三個月之後我們就能得到期待的結果，眼前的辛苦就會變得沒有那麼難以忍受了。

說到這裡，你可能會有一個疑惑：對於那些需要長期堅持的目標來說，我們該怎麼辦？勝利又在哪裡呢？對於這種類型的目標，我們依然可以創造一些短期的「勝利」，比如設定一些里程碑式的階段性目標。

舉個例子，如果你想要培養跑步的運動習慣，那麼你可以設定一些里程碑式的小目標，比如堅持跑三十天、跑到十公里、參加馬拉松等等。這些小勝利可以為我們帶來成就感，而成就感是堅持最好的動力。

原因②：缺乏急迫感

我猜你應該有過類似的經驗，當某件事情有截止期限，你通常會等到截止期限逼近的時候再去努力，而且有趣的是，當截止期限逼近時，你的行為會發生極大改變：你會變得非常專注，效率也會提高很多，完全不會有拖延的情況。為什麼會這樣呢？原因很簡單，因為有急迫感，急迫感可以說是對抗拖延症的最佳利器。

太遙遠的目標之所以難以實現，另一個原因就在於缺乏急迫感導致效率變低，容易拖延。如果我們為目標設定的完成期限離現在很遠，就會在頭腦裡產生「時間還很多」這樣的自我暗示，只要覺得時間夠多，就不會著急，而且很容易被一些能夠帶來即時滿足感的事情所誘惑。結果，很多寶貴時間就這樣被白白浪費了。

製造急迫感其實是一個非常好的提高效率和執行力的策略。經常有人問我怎樣才能克服拖延的毛病，提高行動效率？其實辦法非常簡單，就是不要給自己太多時間，一旦發現時間快不夠了，自然就不會拖延，效率也會變得很高。

我自己就經常透過刻意製造緊張感的方式來提高執行力。我第一次把這種方法運用在行動是在二〇一四年的夏天。那時候，我寫文章已經寫了近一年的時間，也累積了一定的讀者和粉絲。不知道什麼時候開始，我的心中冒出了這樣一個想法——把自己對於自我成長的理念和方法變成一個課程。但我很清楚，如果只是一個人悶著頭做的話，很難成功，因爲一方面缺乏動力，另一方面得不到回饋。

於是，我想了一個好辦法：邀請一些讀者來當「白老鼠」，免費參與這個課程。這不僅讓我有了更強的動力，還讓我有了一種責任感，爲了這些相信我的參與者，怎麼樣也要把這個課程做出來。

就這樣，我在完全沒有課程內容的情況下，就把學員、場地和上課日期全都確定好了。在這種壓力下，我只能拚盡全力，趕在每次上課前完成當次課程內容的設計。結果，僅僅花了兩個月的時間，我就順利實現了這個目標——不僅完成了課程的設計，把課程完整地講了一遍，還同步得到了最眞實的回饋，這些回饋不僅僅是學員對內容的回饋，還包括了我自己對課程的想法和感受。

這些回饋非常重要，因爲當某件事情或項目還只是腦海中一個抽象想法的時候，我們很難對它做出準確的評判，但是當我們把這個想法變成現實之後，就能了解自己眞實的感受，得到眞實的回饋。

當我把這個課程想法付諸實現之後，才發現它離我眞正想要的目標還太遠，所以做完之後我就停止了繼續做的念頭，因爲我看到自己太多不足，我知道自己還需要沉澱。

透過這件事情，我還得到了一個非常重要的收穫，那就是**想法需要被驗證，想法和現實通常存在著很大的差異，而驗證想法的唯一方式，就是迅速把它變成現實。只有把它變成現實之後，我們才知道這件事情是否眞的值得做，或者是否需要調整。**

原因③：可預測性太低

上面提到這個故事，已經揭露出了長遠計畫的另一個缺點，那就是可預測性太低。我們做的所有目標和計畫，都是基於腦中關於自己和未來的一些判斷，而這些判斷都是立基於過去經驗的猜測，這種判斷的準確性與外部環境的變化速度有著很大的關係，外部環境變化速度越快，判斷的準確性就越低。

舉個例子，我以前非常喜歡做年度計畫，但我經常發現，年初做的計畫，可能用不了幾個月就必須進行調整。爲什麼呢？因爲我的想法發生了改變，這種改變有時候是因爲自身認知變化引起的，有時候則是因爲周圍環境發生了改變而引起的。

我們現在所處的正是一個變化快速的時代——商業和社會環境快速變化，我們自己也在快速變化，沒有人能夠對未來做出準確的判斷。在這樣的環境下，其實不宜做過長的計畫，因爲時間越長，判斷的準確性就越低，相反地，我們必須透過縮短計畫的週期以保持足夠的靈活性，避免低效或無效努力。

在這方面，我們應該向創業公司學習。現在的創業公司都提倡精實創業和快速試錯，這是應對不確定性的最好辦法。爲了確保努力是有效的，我們必須用最快的速度對假設進行驗證。爲了驗證假設，就得獲得一些實際可見的資料和結果，才能和預期進行比較，用這種方式來了解現實和假設之間的差距，然後再根據分析更新自己的假設，調整計畫和策略。

假如我們做的是長達一年的計畫，那麼就得等上一年的時間才能知道最後的結果，才知道自己當初的預測和假設是否準確。這段時間太長了，外部環境可能已經發生了很大的變化，甚至是不利於我們的改變，那麼我們可能就失去了很多寶貴的機會，做了很多不必要的努力。

我在離職之前，曾在互聯網創業公司待了近五年的時間。這樣的工作經歷讓我充分認識到，不確定性才是這個世界的本質。正是因爲有了這樣的認知，我才逐漸形成了這樣一種習慣——我從不做長遠計畫，也從不把關注焦點放在長遠複雜的構想上，我爲自己設定的所有目標都是短期就能夠實現的。

每當我有一個想法的時候，就會迅速行動，在最短時間內把它變成一個可以展示的結果，以獲得回饋。這種回饋主要包括兩方面的內容：一、這件事情是不是自己眞正想要的；二、這件事情是不是對他人有價值。

在我看來，這就是自我探索的最好方式，透過探索想要找到的未來事業，首先必須是發自內心認同的，是自己眞心想要去做，願意投入的，此外還必須是對他人有價值的。只有這樣，它才有可能變成我的個人事業。

忘掉目標，專注系統

當你依照前面所提到的標準，為自己設定了一個「好目標」之後，便在目標實現的道路上邁出了最關鍵的一小步。然而，這僅僅是一小步而已，因為目標的設定離最終實現還有很長一段距離，這段距離只能依靠行動來一點一點縮短。

怎麼樣才能確保目標得以成功實現呢？最好的辦法，就是忘掉目標，然後專注系統。

「忘掉目標、專注系統」這個說法，是我從《原子習慣》作者詹姆斯．克利爾那裡學到的。第一次讀到的時候，我忍不住為它拍手叫好，因為我發現，我自己就是這麼做的（接下來要講到的「晨間日記」就是我的系統）。這也正是我高效行動的另一秘訣，只不過克利爾用非常簡潔的方式，把它完美地總結了出來。

關於目標和系統的區別，克利爾是這樣解釋的：**目標關乎的是你想要實現的結果，系統關乎的則是把你帶向那些結果的過程。**

如果你是一位教練，你的目標是贏得比賽，那麼你的系統就是招募球員，尋找場地，制定訓練方式；如果你是一位企業家，你的目標是讓公司上市，那麼你的系統就是測試產品想法，找到有能力的員工，設計行銷方案；如果你是一位作家，你的目標是出版暢銷書，那麼你的系統就是確保寫作激情，不斷輸出自己的內容，提高寫作技巧，找到出版社。

「忘記目標」這個建議聽起來似乎有點反直覺，你或許會問：「忘記了目標之後，我還能成功嗎？」

我們可以先簡單對比兩種情況：假如你要去參加一個演講比賽，你的目標是拿到冠軍。

第一種情況是，你把這個目標看得很重，總想著要拿冠軍，於是你憂心忡忡，每次表現不如預期的時候，就會變得很焦慮，因爲你害怕自己會失敗；第二種情況是，你沒有成天想著如何贏得冠軍，而是將大部分精力放在日常訓練上，根據制定好的訓練計畫，讓自己的演講水準每天提高一點點。現在我問你：你覺得，哪種情況下，成功的機率會更高？毋庸置疑，你一定會選擇第二種。

爲什麼關注目標，反而使得目標更難實現呢？道理其實很簡單，**因爲如果總在心裡想著目標，就會不自覺地拿它來評判自己此時的表現，這種對比會讓眼前的任何進步都顯得微不足道**，於是你感到挫敗。這樣的挫敗體驗多了之後，你就會喪失對自己的信心，動力也就慢慢消失了。

專注系統所帶來的效果則恰恰相反。一個好的系統，就像是一場精心設計好的遊戲——目標被拆解成了一個個小任務，每個任務的難度都恰到好處，既有挑戰，又不至於讓你感到恐慌和焦慮，而且每完成一個任務，你都能從中體會到成就感。這種感受會讓你慢慢對這件事情越來越有興趣，對自己也越來越有信心。

在這個過程中，你根本不會去想自己離最終目標還有多遠，而是專注於當下的每一個任務，因爲這個過程本身就是快樂而充實的。等到一個任務接著一個任務地完成之後，你會驚喜地發現，目標就這樣在不知不覺中實現了。

不過，我們必須明白的是，這樣的系統不會在設定了目標之後自動產生，必須自己去設計，而設計的過程，其實就是我們平時所說的「做計畫」。

計畫＝設計目標的實現過程

做計畫這件事情聽起來很普通，感覺人人都會做，有些人可能也經常做，但我敢說，眞正懂得如何做計畫的人並不多。對很多人來說，做計畫或許就是把需要做的，以及期待自己完成的事情寫出來。然而做完計畫之後，往往很難按照計畫執行，不是各種拖延，就是做一堆計畫之外的事情。

爲什麼會這樣呢？那是因爲在做計畫的時候缺少了思考。大多數人可能不知道，做計畫的過程，本質上就是思考和判斷，而思考的核心作用，就在於爲接下來的執行做好準備——設計執行過程，並在設計中盡量降低執行的難度。少了這個思考和設計過程，執行自然會出現問題。

要思考些什麼呢？主要包含兩方面。一方面必須對目標的實現過程進行策略性分析，也就是要清楚，爲了實現目標，你要完成哪些關鍵性任務，然後還必須將這些任務繼續拆解，直至拆解成可執行的小任務；另一方面，必須對自己每天的可用資源進行預判與合理的規畫，這種資源包括時間資源，也包括意志力和精力資源，只有這樣，你才知道安排多少任務量是合理的。

關於意志力資源，我們可能需要多花點時間來解釋，因爲這能幫助我們更合理地設計執行過程。

意志力，也叫做自控力，是大腦前額葉皮層的一種執行功能，主要作用在於透過抑制一些與目標不相關的行爲、感受或想法，來幫助我們更專注於當下的目標和任務，比方說，當我們需要引導自己的注意力，將它專注於某個當下的任務時，就會用到意志力資源。

意志力和動力都能誘發行動，但它們之間的關係是這樣的：你做某件事情的動力越強，意志力的消耗就越少，當動力處於巔峰的時候，意志力消耗幾乎爲零，這是因爲你無須強迫自己做本來就願意做的事情。可是在動力爲零的時候，強烈的內心抵觸會使得意志力的消耗量變得很高。這就意味著，當你做事缺乏動力時，必須消耗大量的意志力才能推動自己做這件事情。

在日常生活和工作中，我們經常會遇到缺乏動力的時候，這個時候，就必須（也只能）依靠意志力來推動自己行動，如果等到自己想做的時候才做，那麼永遠都不會有行動，因爲我們不會有想做的時候。

但這裡存在一個問題，那就是我們每天的意志力資源是有限的，意志力消耗完了之後，就很難在沒有動力的情況下推動自己做任何事情了。從這個角度來說，做計畫之所以不能那麼隨意，而需要很多思考和設計，就是因爲我們必須透過合理的任務拆解和設計來降低意志力的消耗，確保有效使用意志力。

那麼怎麼樣的設計才算合理呢？關鍵在於要把任務拆解成具體的、難度適中的小任務。所謂的「難度適中」指的是，這個任務不會讓人產生強烈壓力和畏難情緒。難度太大的任務會引發逃避心理，這種逃避心理又會導致自我損耗，意志力也會因此被消耗掉，於是就會一直拖延。

「具體」則意味著這個任務不需要太多思考就知道怎麼做。如果某項任務過於抽象或複雜，在行動的時候還必須思考怎麼進行，那麼這個任務的感知難度就會很大，行動自然也會因此受阻。假如在做計畫的時候，我們能夠提前完成這些思考任務，並把複雜任務拆分成一個個非常具體的小任務，就能有效降低執行時的心理阻力。雖說這個時候我們還是必須依靠意志力來推動自己，但此時所需的啓動能量已經大大減少了。

舉個例子，我平時就是用這種方式來管理自己的日常寫作，我在做計畫的時候，會把一篇文章的寫作拆解成非常小的具體任務，比如完成文章構思、完成文章開頭、文章第一部分構思、第一部分開頭等等，每一個任務的感知難度都不大，都屬於一兩個小時的任務量，我也很熟悉該怎麼進行。所以只要跟著計畫，每次專注完成一個小任務，等到這些任務都完成之後，一篇完整的文章也就出來了。

另外，在做計畫的時候，我們還必須盡可能地把任務的具體執行時間定下來。這是因爲，做選擇本身就是一件消耗腦力和意志力資源的事情，如果沒有提前定好什麼時間做什麼事情，而是臨時決定，那麼最後的結果一定是拖延。

當然，工作中難免會出現臨時的突發情況，這個時候該怎麼辦呢？很簡單，如果日程被打斷，在緊接下來的閒餘時間，就應該花幾分鐘修改一下計畫。要知道，**我們的目標並不是竭盡全力維持既定的計畫，而是在時間的推進中掌握工作的主動權**。

所以，在做計畫的時候，我們必須放棄對「完美計畫」的執著，允許日程中有突發性改變，甚至會主動尋求這種改變。當然，剛開始的時候因爲經驗不足，你可能會發現計畫和現實的偏差很大——不是低估了任務的難度，就是高估了自己的能力，但只要不斷反思和調整，經過一段時間的練習，你的預估能力就會越來越準確。

讓系統成爲你的第二大腦

我一直在使用的「晨間日記」，就是用來進行目標管理和行動規畫的系統。到目前爲止，「晨間日記」已經陪伴了我六年的時間，它早已成爲我生活中不可分割的一部分。正是因爲有了這個系統，我才能快速地透過行動實現一個個小目標，並且在持續的回顧和反思中不斷修改腦中的假設，調整前行的方向。不過話又說回來，羅馬並非一日建成的，我也是經歷了一段時間的摸索和實踐，才有了現在的「晨間日記」系統。

我最初開始關注做計畫是受到身邊一位朋友的啓發，他是一個非常熱中於時間管理的人，而且一直保持著計畫和復盤的習慣。不過，我並沒有直接照搬他的方法，因爲他的管理系統對我來說實在有點複雜，我先是花了一段時間閱讀時間管理類的書籍，然後從中選擇了一個我比較喜歡的模式開始實踐。

在實踐過程中，我自己也一直反思著時間管理的本質和意義，因爲我不想讓這件事情淪爲形式。隨著思考的深入和實踐經驗的豐富，我慢慢有了自己的時間管理理念，並根據自己的需要，逐漸去除那些不必要和過於形式化的東西。我現在的「晨間日記」就是那段時間思考和實踐的結果。

在工具的使用上，我主張極簡主義，因爲工具是爲目的服務，過於複雜的工具和系統很容易導致本末倒置的情況，讓人不自覺把關注焦點放在形式上，而不是背後想要達到的目的。所有複雜的東西對大腦來說都是一種負擔，在能夠滿足核心需求的前提下，工具一定是越簡單越好。以下就是有關「晨間日記」的詳細講解。

我的計畫是從年度計畫開始，每年我都會爲自己設定一些具體的目標，這些目標都與我關注的人生主題有關，主要是以下幾個方面：

- 職業發展：職業技能和優勢的不斷發展，擁有能夠展現自身實力和價值的作品與產出，事業發展方向的嘗試和探索。
- 自我成長：價值觀和認知的不斷完善，自我調節和掌控能力的加強。
- 健康：擁有健康的生活和飲食習慣，保持運動。
- 興趣愛好：有能夠豐富精神生活、陶冶性情的業餘愛好。
- 生活品質：居住環境、形象氣質、休閒、旅行、社交等等。

2019年核心計畫

★事業方面

1. 完成100個諮詢和輔導案例，累積諮詢和指導經驗。
2. 公眾號持續產出每個月兩篇的高品質文章（同步進行主題研究和學習）。
3. 完成第2本書。
4. 完善美語訓練營。
5. 完成1個有聲課程。

★個人領域

1. 完成第2個100首詩詞背誦。
2. 繼續保持聲樂的學習（完成兩期課程）。
3. 芭蕾舞學習（保持每週兩節課）。
4. 提升廚藝（擁有10道左右的拿手菜，拍攝美食照片）。
5. 繼續保持歷史的學習（中國史綱＋西方史綱＋英國歷史）。
6. 個人形象升級（對衣櫥進行更新）。

以上是我二〇一九年的核心計畫。不過，這並不是年初做的最原始計畫，而是經過了修改和調整。因爲年度計畫的時間範圍比較大，面對的不確定性比較高，經常會遇到需要調整的情況。說實話，日計畫我們都不可能做到十分精準，更何況年度計畫呢？年度計畫的作用僅僅是讓我們對這一整年有個大概的思考和規畫。

做年度計畫的時候，有幾件事必須注意。

首先，我們一定要清楚，這些目標的意義是什麼，爲什麼這些目標對自己很重要。我就從來不隨意設定目標，每個目標都是我精心思考和選擇過的，都能將它們與我想要的未來和想要成爲的自己連結起來。如果你不清楚自己爲什麼要做某件事，那麼你能將這件事情堅持完成的機率就會很小。

其次，我們必須對自己的精力和能力進行合理預估，然後以此爲基礎，決定多少任務量是合適的。我對自己的精力和能力情況非常了解，所以設定的目標基本上都有把握完成。

最後，必須要有優先順序的概念，也就是，必須清楚哪些目標是最重要的，是必須完成的。就我自己而言，事業發展永遠有著最高的優先順序，這些目標難度最大，但也能爲我帶來最大的滿足感和成就感。我每年設定的事業目標通常都是遞進的，前一個是後一個的基礎，比如公衆號文章的寫作就是第二本書的基礎，諮詢也是爲第二本書做準備，第二本書又是接下來有聲課程的基礎。

年度計畫定好之後，這一年的自我發展方向也差不多確定了，接下來就可以進入到關注系統的階段，也就是設計目標的實現過程。值得一提的是，雖然我的年度計畫看起來比較多，但這些目標並不是同時進行，而是分階段進行，每個階段我只關注於兩個左右的核心目標，比如前半年我的重點就是諮詢和公眾號內容的持續產出，為接下來第二本書的寫作打好基礎，七月到十月我會專注於新書的寫作，書寫完之後，再開始有聲課程的開發。

・二〇一九年的時間線（事業發展）：

1. **三月啓動諮詢和指導服務，每週完成四到五個諮詢。**
2. **七月中旬之前完成書的前期準備——以公眾號文章的形式產出。**
3. **七月中旬到十月中旬，完成第二本書的寫作。**
4. **十一月初到十二月底完成有聲課程。**

如果說年度計畫是對一年核心目標的整體構思和規畫，那麼「晨間日記」中的月計畫、週計畫和日計畫就是確保這些目標能夠得以實現的系統。

每個月開始之前，我都會根據今年的規畫，定下這個月必須完成的關鍵任務，然後再根據月計畫確定本週要完成的關鍵任務，最後在每天開始前（通常是在前一天的晚上），根據本週計畫確定當天的排程和任務清單。

這樣的話，每天早上一起床，我就非常清楚自己今天要做些什麼，而且這些任務都是提前設計好的——每個任務都很具體，不需要再花時間思考怎麼做——我要做的就是一個任務接著一個任務地把它們完成。執行過程中如果臨時出現一些變化，我就會及時調整任務清單。等到這一天結束，又會提前做好明天的計畫與排程。

有了這樣一個能夠將目標變成具體執行任務的完整系統之後，我便不用總是惦記著目標，也不用總是擔心未來，而是可以把所有精力都投入到當下的行動，因爲我知道，只要跟著計畫每天踏實行動，就會離想要的目標越來越近。

很多朋友都非常羨慕我現在的生活：有著明確的人生奮鬥目標，每天都能精力充沛地朝著這個目標邁進，並且在過程中體會到滿足感和成就感。在事業之外，我不僅能把自己的生活打理得十分精緻且井井有條，還能同步發展興趣愛好，讓人生更加豐富多采，與家人也有著和諧又親密的關係。然而大家不知道的是，這種生活並不是從天而降的，而是透過努力一步一步規畫和創造出來的。這個過程中，「晨間日記」系統有著功不可沒的作用。

補充說明：晨間日記不僅可以用來管理重要的目標，也可以用來管理生活瑣事，比如我會把散步、敷面膜、還信用卡、打電話給爸媽這樣的小事都列在每日的執行清單中，不僅避免忘記，還可以大幅減輕大腦的負擔，不需花費精力記住這些小事，而且每當完成之後為這些任務打勾時，也會有種成就感。

#晨間日記2019.04.30 #第119天 週二

本月核心任務

1. 讀書與學習

- ☐《中國史綱》＋筆記
- ☐聽古詩詞講解15首
- ☐讀完《The Motivation Myth》
- ☐讀完《成功者的大腦》
- ☐讀《當自我來敲門》

2. 事業

- ☐公眾號推送2篇文章
- ☐完成4月諮詢（18個）
- ☐錄製20期「地道美語」
- ☐訂定第2本書的合約

3. 寫作（3篇文章）

- ☐自我關懷的小技巧
- ☐打造井然有序的規律生活
- ☐機器人的覺醒

4. 其他

- ☐每週2節芭蕾舞課
- ☐完成2節聲樂課
- ☐練習〈雪落下的聲音〉
- ☐練習〈只要平凡〉

本週核心任務

- ☐完成「機器人覺醒」稿子
- ☐完成「機器人覺醒」修改
- ☐完成「讀書筆記」修改
- ☐「動力」文章構思
- ☐週六公眾號推送
- ☐完成3個諮詢
- ☐錄製5期「地道美語」
- ☐芭蕾舞初級（週二）
- ☐熟讀古詩詞5首
- ☐練習〈雪落下的聲音〉
- ☐讀完〈成功者的大腦〉
- ☐週二Ella家聚餐

今天的任務清單

- ☐7:00起床＋洗澡
- ☐咖啡/早飯＋聽課
- ☐讀古詩詞15分鐘
- ☐032諮詢準備（8:30）
- ☐032一對一諮詢（9:00）
- ☐午飯＋化妝（10:20）
- ☐出發去上課（11:10）
- ☐芭蕾舞初級課（12:00）
- ☐「機器人覺醒」修改
- ☐《中國史綱》1課筆記
- ☐聚餐@Ella家
- ☐制定5月#30天挑戰#
- ☐4月成長回顧
- ☐5月計畫和安排
- ☐睡前聽書（22:30）

構建一個完整的閉環

關於計畫與行動，我們必須意識到的是，並不是只要堅持行動，就一定能達成想要的結果，這是因爲計畫立基於我們的經驗和想像，但想像和現實通常存在著一定的偏差。爲了盡可能消除這種偏差，我們就必須在行動過程中，透過定期回顧來將目前的行爲結果和期望得到的結果進行比較，然後再根據比較結果及時對計畫進行相應的調整。

從這個角度來看，計畫、執行和回顧其實是分不開的，是一個完整的行動系統，我們只有透過不斷重複「計畫↓執行↓回饋↓計畫」這樣的封閉迴圈過程，才有可能透過行動得到最終想要的結果，這樣的行動也才稱得上是高效行動。

在「晨間日記」系統中，回顧與反思的核心作用有兩個：

第一，及時肯定和慶祝自己的小勝利與小進步，當我們把進步和成就寫下來的時候，即便是再小的進步，只要它是有意義的，都會覺得很有成就感，這種成就感正是動力的重要來源。第二，確保我們在用正確的方式做正確的事情。在實際結果和期待結果之間出現差異的時候，回顧和反思能夠幫助我們了解導致差異的原因，並對行爲策略，甚至是目標本身做出及時調整，以避免無效或者低效的努力。

回顧方法

在這裡，我想介紹一個結構化的回顧方法：行動後檢討（after-action review，簡稱AAR）。這個方法最初是由美國陸軍開發的，它是一種在行動中確保持續學習與改進的方法與機制。

一般來說，事後回顧包含以下四個問題：

- 我們期望發生什麼？（了解行動意圖是什麼、爲何有此意圖？）
- 實際上發生了什麼？（意圖是否達成、過程中發生了什麼？）
- 爲什麼會產生這種差異？（從中得到什麼教訓？）
- 下次我們將怎麼做？（如何將此教訓帶入下次行動中？）

事後回顧是一種非常好的反思方式，它也應該是所有回顧與反思的核心內容。

每日回顧

只要開始做計畫，就一定經常出現做了計畫卻無法完成任務的情況。這個時候，我們很容易因爲沒有完成任務而產生自責或者愧疚的情緒。自責情緒本身是沒有問題的，而且有情緒是很正常的，重要的是情緒產生了之後，我們該如何去應對。

很多人在感覺到自責情緒之後，本能地爲了避免自責的痛苦而迴避那件沒有完成的事情，於是選擇拖延，甚至乾脆放棄晨間日記。這個時候，回顧和反思就顯得尤爲必要了。

當然，回顧很多時候可能並不是一件愉快的事情，尤其是當我們對自己不滿意的時候，因爲這意味著必須面對自己的不足，然而，不面對就不會得到改進，所以想要改進和提升，就必須努力克服這種心理上的阻礙。有一個辦法能夠幫助我們有效地克服這種阻礙，那就是告訴自己，**回顧和反思不是爲了指責自己，而是爲了下次能夠做得更好。當我們把關注焦點放在積極的一面時，負面情緒自然就會減少。**

在每日回顧的時候，我們可以按照事後回顧的方式，反思是什麼原因使得自己沒有按照計畫完成任務，需要做哪些調整，然後再根據反思結果，制定第二天的任務清單。比如說，沒有完成任務是因爲高估了自己的能力，低估了任務的難度，那麼就可以適當地降低任務量。如果沒有完成是因爲今天情緒不太好，那麼就原諒自己，偶爾的「自我放鬆」是有必要的，把任務放到第二天就好。

每日回顧可以在做第二天計畫的時候同步進行，可以在頭腦中進行，也可以用文字的方式寫出來。在剛剛開始晨間日記的時候，建議用文字的形式寫每日回顧，用文字寫出來將更有利於思考。

每週回顧（每月回顧的操作方式亦同）

每週回顧包括三部分內容：

第一部分是記錄進展與成就。

第二部分則是事後回顧。一般來說，很多小問題，我們在每日回顧當中就能解決，但是如果同樣的情況總是發生，比如某件事情一直在拖延和迴避，這個時候，我們就必須對這件事情進行反思，比如問自己：「這件事情是否眞的重要？」「是否眞的有意義？」如果不重要，那就可以考慮放棄。如果重要，就得思考這種逃避行爲背後深層的原因是什麼？我們到底在逃避什麼？透過這種方式，就能重新找到動力並降低阻力，然後重新開始。

第三部分是根據反思，制定下週的任務。

雖然「晨間日記」聽起來似乎有些複雜，眞要做到好像並不容易。的確，如果我們只打算仰賴大腦和本能去做，大概過不了多久就會放棄。但是如果能在前期不斷花時間和精力去實踐和調整，堅持一段時間之後，這些事情就會很自然地變成習慣。這種習慣一旦建立起來，就會反過來影響我們思考問題和做事的方式，爲人生帶來各方面的提升和改變。

#每週成長回顧2019.04.21 #第16周

A. 自我提升Production Capability

1. #詩詞# 50/100 本週重讀了第150-151首
2. #學習
   #《中國史綱》完成古代歷史部分筆記，《The Motivation Myth》筆記
3. #英文
   # 準備了5期「每天一句地道美語」
4. #音樂
   # 2節芭蕾舞課+1節聲樂課，學習〈只要平凡〉彈唱

B. 工作與產出Production

1. 完成了3個客戶的諮詢服務
2. 完成了文章「井然有序的規律生活」
3. 推送了一篇公眾號文章
4. #每日一句地道美語# 準備了5期
5. 開始「覺醒的機器人」寫作

C. 健康/生活藝術Life

1. 每天堅持壓腳背第21天
2. 開始腰部熱敷（腰椎疼痛治療）
3. 學習了〈只要平凡〉彈唱
4. 買了一個體脂測量儀
5. 好友下午茶@本質咖啡

*本週總結

可以用敘述的方式記錄本週的重要收穫、進步和感悟，以及做得不足，需要改進的地方（有點類似週記）。

成為一個會學習的人

去年，有個剛出社會工作不久的讀者找我做諮詢，他非常沮喪地說著自己的困惑：「我已經工作兩年了，但是我覺得自己在這兩年裡幾乎沒有什麼進步和成長。」

我問他：「你渴望得到什麼樣的進步和成長呢？」

他說：「起碼要在認知和能力上有所提高吧，比如對事情有更深層的理解和認識，或者掌握一些新的技能之類的。」

我繼續問他：「你覺得這些成長會隨著時間的推移自動發生嗎？」

他想了想說：「可是我以前在學校的時候就是這樣啊！我也沒有特別想要怎麼進步，但就是能感覺到自己每年都有成長和進步。」

我回答說：「那是因爲在學校，你學習和成長的過程已經被提前設計好了，而且還有老師的引導和幫助，所以不需要自己思考。但是出了學校就不一樣了，你不能像以前那樣，期待別人來告訴你要怎麼做才能進步，你必須主動設計和規畫自己的成長路線。」

我和這位諮詢者之間的對話，充分解釋了爲什麼很多人會爲進步和成長而苦惱，因爲普遍缺乏主動學習的能力。

關於學習能力，我曾聽過一個有趣的比喻：**「如果把自己想像成一支智慧型手機，那麼我們所擁有的技能就是智慧手機上的應用程式。」**

我們挑選智慧手機的時候，並不會看上面有些什麼應用程式，因爲這些程式是可以隨時增加和刪除的，而會評估硬體系統和作業系統，因爲這才是決定手機整體性能的關鍵。同樣道理，對於個體來說，具體的知識和技能就像是手機上的「應用程式」，它們是可以根據需要隨時添加的，決定一個人能否在「應用程式」上進行快速自我更新和反覆運算的，則是他的「作業系統」，也就是學習能力。

然而，在教育領域裡，關注焦點無一例外都放在這些個別的「應用程式」上，教育者們希望爲學生安裝各式各樣的「應用程式」，以應對未來的商業環境。但問題是，這些「應用程式」更新版本的速度是非常快的，如果沒有良好的基本「作業系統」，未來還是很難適應這個快速變化的時代。

在這種情況下，如果想要讓自己能夠迎接未來的各種變化，並且跟隨著時代步伐不斷自我升級，就應該退後一步，**將關注焦點從「應用程式」轉移到「作業系統」，讓自己擁有更好的「作業系統」，也就是，要讓自己成爲一個會學習的人。**

菜鳥VS高手

你知道學習的最終目的是什麼嗎？

這個問題大概很多人連想都沒有想過，可是如果你不知道學習的最終目標是什麼，就會對學習缺乏通盤性的認知，沒有通盤認知，你又怎麼可能懂得該如何合理有效地設計成長之路呢？

那麼，學習的最終目的究竟是什麼呢？

如果用一句話來解釋，我覺得應該是：「成爲某個領域的高手，能夠像高手一樣去思考問題。」不管哪個領域，在剛剛接觸的時候，我們都屬於菜鳥水準，而我們的努力目標和方向，就是要從菜鳥水準持續精進，直到成爲高手。

想要以更快的速度進階成一個高手，就得先弄明白高手和菜鳥之間到底有著怎樣的不同。關於高手和菜鳥的區別，我想透過一個有趣的故事來說明。

當年愛因斯坦成名之後，許多科研機構和大學都邀請他去演講。愛因斯坦每次演講都是由專任司機理查開車送他，一到了會場，理查就會坐在臺下聆聽演講，而且每次都是聚精會神，從頭聽到尾，還會心裡默默地模仿著愛因斯坦的動作和語調。

有一次，愛因斯坦演講結束回家時，查理對他說：「教授，我看您太辛苦了，不如我來替您講一場吧？您的那些報告，我都能背下來了。」愛因斯坦也是一個童心未泯的人，聽到查理這樣說很高興地回答：「那好呀，明天另一所大學還有場演講，到時候你來替我講。」

查理一聽，非常興奮：「眞的嗎？太好了，我保證講得跟你一模一樣。」

第二天，查理穿上愛因斯坦的衣服，還將髮型和鬍鬚打扮成愛因斯坦的模樣，愛因斯坦則裝扮成了查理。演講開始了，查理滔滔不絕地在臺上演講，幾乎跟愛因斯坦說的一模一樣。愛因斯坦感到非常驚訝，沒想到查理能講得那麼好。

演講結束之後，按照慣例會有聽衆提問的時間。一開始，前面幾個簡單的問題查理都能對答如流，而且答得非常正確。突然，有一位年輕科學家問了一個頗爲深入的問題，這個問題難倒了查理。於是，他靈機一動說道：「哦，你問的這個問題非常簡單，連我的司機都能回答，下面就讓他來替我回答這個問題吧！」

這個時候，眞正的愛因斯坦才走上講臺……

我不知道這個故事是眞是假，但它卻充分解釋了高手與菜鳥之間的區別。雖然透過一段時間的學習，剛入門的菜鳥也能懂得並積累不少該領域的知識，但還是缺乏高手的思考能力和判斷力，一旦遇到複雜的問題就會束手無策，不知從何下手。高手之所以厲害，就在於能夠迅速看到問題的本質，並抓住要點，所以他們善於解決複雜問題，也能做出更準確的趨勢判斷。

那麼，高手如此強大的思考和判斷能力又是從何而來呢？如果你去問那些高手是怎麼思考和判斷的，我敢肯定，他們很難回答得出來，你最有可能得到的答案是：「這是一種直覺。」為什麼會這樣呢？原因很簡單，因為他們的思考和判斷並不發生在意識層面，而是潛意識層面。

有人曾經做過這樣的實驗，觀察某個領域的初學者和高手從事這項活動時的大腦狀態，初學者的大腦活動會很頻繁，而高手大腦的波動則微乎其微，這是因為高手其實是在潛意識狀態下做這件事情。更有趣的是，高手思考得更少時，表現得卻更好，當他有意識地去做這件事情時，反而做得沒那麼好。同樣的道理，對於專家來說，他們的直覺反應通常更準確，仔細思考準確率反而沒有那麼高，這是因為直覺源自潛意識。

有人可能會覺得奇怪，為什麼潛意識的直覺反應反而更準確？如果你有這樣的疑惑，那表示你太小看潛意識的力量了。潛意識其實有著我們想像不到的資訊處理超能力，它的處理能力可是意識的二十萬倍呢！

不過，意識和潛意識擅長處理的問題是截然不同的。意識處理資訊依靠的是工作記憶，它擅長邏輯、線性和推理，然而工作記憶的資訊處理能力是有限的，所以只能處理那些只有少數變數或選擇的明確問題。

潛意識的資訊處理方式則是非線性的，所以常常顯得沒有邏輯，但卻非常擅長解決有著很多變數和可能性的複雜問題，因爲它可以同時處理大量資訊。而且，潛意識還有一個非常獨特的功能，那就是善於發現模式和內在規律。

潛意識在接受資訊的時候，會瞬間同步對其進行解讀和組織，它能夠將不連續的資訊片段連結起來，並在資訊中尋找各種關聯、模式和相似性。它總是精力充沛地運轉著，試圖將新的問題與舊的模式對應起來，或者努力對問題的各部分進行重組，直到它們形成一個和諧的整體。

任何一個領域，其實都有著專屬的龐大知識網絡和深層的內在邏輯，知識與知識之間有著各式各樣的連結和彙聚節點，而所謂的精通，本質上就是對該領域的知識內在結構和內在邏輯有了深入理解之後，形成的更高層次的思維技巧。這也正是高手之所以能夠成爲高手的原因。正是因爲對內在邏輯有著深入理解，他們才能看到新手所看不到的深層的東西。同樣的資訊，其他人看到的是一些零散的細節，而高手看到的卻是連結、規律和模式。

說到這裡，你是不是對學習這件事情有了一些不一樣的認知了呢？學習的目的絕不是把知識儲存在大腦裡，而是一個將系統拆分成碎片，然後再將碎片重新構建成系統的過程。所以，不管學習什麼，我們不能僅僅滿足於理解當中的各種具體知識，而是把理解該領域的基本邏輯作爲學習目標，把這些知識融會貫通成一個網絡，並養成相關的思維技巧。

當然，構建知識的過程並不會自動發生，而是必須透過主動提問、深入思考，以及與人交流探討的方式，慢慢理解一個領域的深層內在。這通常也是學習過程中最為困難的部分，但這個過程是不可或缺的，因為這不僅是有效學習的關鍵，也是我們學習的最終目標。歸根究柢，學習就是要學會思考的方法，學會如何有效地思考。

與未來的自己建立連結

對學習有了宏觀的了解之後，我們接下來就可以談談高效學習和成長的問題了。一談到如何高效學習這個話題，我相信，大多數人最想了解的都是更好的學習方法。但是你知道嗎？影響學習效果最關鍵的因素其實並不是學習方法，而是積極性和主動性，對於學習這種智力活動來說，越是積極主動地參與，收穫就會越多，效果也會越好。相反地，如果我們本身沒有很強的內在動機，或者學習積極性不高，那麼即便有好的學習方法，也不太可能學好，也就更談不上精通了。

那麼，積極性又是怎麼產生的呢？怎樣才能發揮積極性呢？實際上，積極性與意義感是緊密相連的，我們通常只會對自己覺得有價值有意義的事情產生積極性，意義感越強，積極性也會越強。所以，想要觸動積極性，就得先想清楚自己爲什麼要學習。主動探索事物的價值和意義，可以說是學會主動學習的第一步。

從本質上來說，探索事物的價值與意義就是要回答這樣一個問題：「這件事情和我的未來有什麼關係？我怎樣將它和我認爲重要的人生目標連結起來？」如果能夠將要學習的東西，與自己的未來以及重要人生目標建立起連結，那麼我們就會覺得這件事情是有意義、有價值的，值得我們爲之努力。反之，如果我們不知道它與自己的未來有什麼關係，能夠帶來怎樣的好處，那麼就會缺乏動力，也會很容易放棄。

不過，我們必須明白的是，意義感是不會自己主動找上門來，而是要積極主動地去挖掘，也就是說，我們得主動思考這件事情與我和我的未來有什麼關係。這其實是很多人都缺乏的一種能力，其中也包括我自己，這種能力的缺乏使得我經常半途而廢，沒有辦法長期堅持某項技能的學習。

直到兩年前的一次學習經歷，我才眞正意識到，原來意義感是可以被主動創造出來的，而當學習有了意義之後，一切都不一樣了——我不僅在學習的時候更快樂和更享受，而且學習熱情還與日俱增。

這是一次怎樣的學習經歷呢？它是我在紐約的第一次芭蕾舞體驗。兩年前，我和朋友到紐約學習舞蹈，但由於自身水準有限，我能夠上的課不多，所以選來選去就只能去上芭蕾舞基礎課。當時上課的老師是一位從知名芭蕾舞團退役下來的芭蕾舞演員。雖說已年過半百，但她舉手投足間流露出的優雅氣質，完全掩蓋了身上歲月的痕跡，我被她的美深深吸引住了。在她身上，我似乎看到了未來的自己，我對自己說，這就是我五十歲想要成爲的樣子。

說實話，在此之前我對芭蕾完全沒有任何興趣，但就是在這堂課上，我找到了自己與芭蕾舞之間的連結——我希望五十歲的時候，也能擁有芭蕾舞者那樣的優雅氣質。這種關於未來的想像給了我強烈的意義感，於是回北京不久，我就開始了芭蕾舞的學習。

當然，在剛開始那個熟悉基本動作和術語的階段，我並不是那麼享受的，因爲還體會不到成就感。不過，每次缺乏動力的時候，我就會在頭腦中想像那個未來自己的畫面，而只要一想到那個畫面，我就又有了意義感，動力也得到了強化。學到現在，我不僅越來越享受學習和訓練的過程，也越來越堅定芭蕾舞就是我要一直堅持下去的愛好。

有了這次經歷之後，我開始經常使用這種想像未來自己的方式，來主動探索意義感。所以，對於所有我現在在做或學習的事，腦海中都有一張清晰的關於未來的畫面，這個畫面就是我堅持的原因，也是我堅持的動力。

總而言之，不管進行任何學習，尤其是那些需要長期投入的學習，我們一定要有主動探索和發現意義的意識，想想這件事情和未來想要成爲的那個自己有什麼關聯，想清楚之後，最好在腦海中形成一個關於未來的畫面，用這個畫面不斷強化這件事情的意義感。有了強烈的意義感之後，我們才會擁有持續的積極性，才不會因為缺乏動力而無法堅持下去。

不急不躁，循序漸進

不過，僅僅是有動力和方向感還不夠，因為學習目標和其他所有目標都一樣，它的實現離不開良好的計畫和執行能力。之前提到設定目標的原則和「晨間日記」計畫系統在這裡完全適用——不管學什麼，我們都得要有明確的階段性學習目標，然後透過計畫的方式，將目標變成一個個小的學習任務去執行。

關於學習計畫，我們必須記住一個非常重要的原則，那就是學習是一個循序漸進的過程。雖說學習的終極目標是要理解該領域的基礎邏輯和內在知識結構，但是，任何領域的學習都是從一點一滴碎片化的知識和技能積累開始的。

很多初學者最容易犯一個錯誤，那就是想一下子學很多，想很快弄明白。這是不可能的事情，因為大腦認知的局限和知識原本的複雜性，決定了學習只能是一個循序漸進的過程。

大腦處理資訊必須依賴工作記憶，而工作記憶的處理能力是有限的，如果學習活動中的資訊太多，就會出現資訊超載的情況。

一旦信息量超出了工作記憶的處理能力範圍，我們就會出現焦慮情緒。焦慮情緒又會限制短時記憶的容量，當感到有壓力或恐懼害怕的時候，就沒有辦法集中注意力，這是因爲情緒占據了記憶空間，消極情緒降低了認知能力。

爲了確保學習的有效性，我們必須把知識拆解成大腦能夠消化吸收的片段，並按照恰當的進度循序漸進地學習。所以千萬不要一下子學太多新內容，也不要一下子學習太長時間，因爲過長時間的學習會讓大腦疲勞，這個時候資訊處理效率是非常低的。

另外，我們還必須明白，學習並不是純粹的記憶，而是要建立在理解的基礎上。任何新知識都是建立在我們已有的知識基礎上，因爲大腦必須把新知識與舊知識「綁定」，利用舊知識幫助理解新知識的含義。工作記憶處理資訊的時候，會把這些資訊傳遞到長期記憶空間，在那裡這些資訊與更廣泛的背景知識會互相連結，以更深的理解方式存在。所以在學習新知識的時候，一定要確保自己已經有了相應的基礎知識和背景知識，如果發現還無法理解，那就得先花時間把基礎知識和背景知識先弄明白。

循序漸進這個學習原則，可以說是有效學習極爲重要的前提。我們必須有意識地根據大腦的認知規律去規畫和管理整個學習過程：先掌握最基礎的知識，然後再以此爲基礎逐步增添新的學習內容。而且在學習過程中要避免資訊超載，不要一下子學太多，而是要把新知識拆解成適當的模組。每次的新知識或者新技能學習都必須是恰到好處的，既不能遠遠超過我們的認知水準，使我們置身於新知識的迷宮裡不知所措，也不能過於簡單，導致學不到什麼東西。

除了目標和計畫之外，如何管理自己的情緒也是非常重要的，因爲學習不僅僅是一種思維活動，同時也是一種很深的情緒活動。**情緒體驗決定了我們的學習效果，如果我們在學習過程中經常產生挫敗感和焦慮感，或者覺得缺乏動力，那就很難堅持學習下去。**

情緒管理主要包括兩方面：一方面，我們要透過強化意義感來增加內在動力，當我們感到缺乏動力的時候，就要重新回到「爲什麼」的思考上，尋找學習與未來自己之間的連結。另一方面，我們必須及時調節負面情緒。在學習過程中，我們經常會因爲學不會或者做不好而產生挫敗感，並對自己感到失望，甚至對能力產生懷疑。這個時候，就可以**練習之前學到的自我慈悲和成長型思維，幫助自己跳出自我批評的思維習慣，然後把關注焦點從「我做不好」轉移到「我怎樣才能做好」上。**

別忽略了老師的價值

雖說好的學習計畫能夠讓我們循序漸進地掌握某項知識或技能，但問題是，我們很難完全靠自己苦學就能熟練掌握一項技能，這是因爲在學習的起始階段，我們對所要學習的領域是完全陌生的，根本不知道這一個領域有哪些必須掌握的內容，更不知道要如何合理地規畫接下來的成長之路。這個時候，我們需要一個老師來安排最初的學習計畫，並提供相應的指導和支援。

當然，老師也是有優劣之分的，因爲教學本身就是一門需要習得的技能，自己做得很好並不意味著就能把其他人教好。一個優秀的老師，不僅要對這個專業領域有著很深的理解，還必須明白大腦的認知過程，以及情緒在學習過程中所扮演的角色。

眞正的好老師會懂得把知識和技能拆解成與學生目前水準相匹配的碎片，然後用循序漸進的方式訓練學生，並在學習過程中及時指出和糾正學生的錯誤。不僅如此，他們還會透過提問的方式引導學生進行更深入的思考，讓他們逐漸形成自己的知識網絡，並在學生遇到困難和挫折的時候給予情感上的鼓勵和支持。

此外，老師還有一個非常重要的價值，那就是提供榜樣——他們對這個領域的熱愛，以及散發出來的個人魅力對學生來說是一種強大的感染力，而且對老師的崇拜和喜愛會直接轉化成學習動力。

毫無疑問，這樣的好老師是可遇不可求的。在生活和工作中，我們可能有很多要學習的領域，不可能在每個領域都遇到一個好老師。所幸現在網路付費知識課程興起，這讓我們能夠以非常低的價格跟隨最優秀的老師學習，而且這些課程都是按照循序漸進的方式，將系統知識切分成了十幾分鐘的碎片化內容，這種碎片化的方式實際上效率更高，因爲大腦很難長時間集中注意力。不過，網路學習的不足之處就是，學習者缺乏與老師進行探討和交流的機會，所以學習中的疑惑可能得不到解答，而且它對學習者的自我管理能力要求更高。

不管怎麼樣，如果條件允許，在學習之初最好能夠找個自己喜歡的好老師。在找老師這件事情上多花點精力和時間是非常值得的，因爲我們能夠在這條道路上走多遠，與啓蒙老師有著很大的關係。

啓動「後設認知」

最後，想要眞正成爲一個會學習的人，還有一件事情很重要，就是要在學習過程中儘早啓動後設認知活動，因爲研究者們發現，後設認知對學習效果的影響占了40%，而智力的影響只占25%。

什麼是後設認知呢？簡單來說，就是關於思考的思考。我們都知道認知是大腦的核心功能，認知能夠幫助我們理解和思考問題，總結規律，得出結論和做出判斷。而當我們反思自己是如何思考問題，得出結論和做出判斷的時候，就是在使用自己的後設認知功能。

爲了充分理解後設認知，我們可以拿寫作來舉個例子。很多人在寫作的時候，會習慣性地跟著頭腦中的想法寫，頭腦裡有什麼想法，就把它直接寫下來。這樣的文章寫出來往往缺乏條理和邏輯，因爲大腦本身就不善於邏輯思考，所以我們的思維往往是跳躍和發散的。

如果希望自己的文章更有條理，並且擁有清晰的內在邏輯，那就必須在寫作的過程中啓動後設認知，也就是要在寫作過程中，不斷反問自己這些問題：我想要透過這篇文章解決怎樣的問題？我的核心觀點是什麼？誰是我的目標讀者？我是怎麼得出這個觀點的，有沒有理論支撐？這個論述過程是否還存在著邏輯上的漏洞呢？這個點我是否解釋清楚了呢？只有這樣，才能確保整個思考和寫作過程，是依照一定的論述邏輯和讀者的認知規律來進行的。

學習也是同樣的道理。學習本身就是一個複雜的認知過程，它並不是將資訊簡單輸入和儲存而已，而是必須對資訊進行深層的處理，比如深入理解所學的內容，思考這些內容如何與之前所學的知識連結，以及如何應用等等。只有完成了這些思考之後，這個知識點才算得上是眞正掌握了。但是，這個過程不會自動發生，而是需要後設認知的引導，就像上面提到寫作過程中的自我反思一樣。

舉個例子，我在接觸新領域的時候，都會問自己這樣的問題：這個領域的存在到底是爲了解決怎樣的問題？當然，不一定在一開始就能得到答案，就算有答案，這個答案也不一定是準確的，但是這樣的思考能夠幫助我站在一個更高的角度去看待這個領域。

有時候，我甚至還會花些時間去了解這個領域的發展歷史，比如它最初是怎麼出現的，它在發展過程中經歷了哪些變化等等。這可以讓我了解到，這個領域的整體脈絡。

在之後的持續學習中，我還會一直保持著對這些問題的思考：這些學習能夠幫助我解決什麼樣的問題和困惑？這些知識內容之間存在著怎樣的邏輯關係，它們是如何結合在一起的？這個領域的基礎邏輯是什麼？雖然知識網絡和專業思維的形成需要長時間培養，但這些後設認知層面的思考能夠讓我儘早建立起系統思維的意識，有助於我更有效地構建自己的知識體系。

除了這些宏觀層面的問題之外，在學習過程中，我們還需要一些具體的問題來幫助學習前的規畫和學習中的自我監測。學前規畫的目的在於明確此時的學習焦點，我們可以問自己：此時的學習目標是什麼？我想要掌握怎樣的知識點或者技能？自我檢測則是爲了確保自己能夠準確理解和掌握所學內容，爲此我們可以問自己：這部分內容我眞的理解了嗎？我還缺乏什麼相關的背景知識嗎？我還需要進行更多拓展學習嗎？

另外，還有一個方式能夠促進後設認知層面的思考，那就是教別人。比如把學到的知識講給朋友聽，或者用文章的方式分享給其他人。其實，教別人本身就需要運用到後設認知——爲了解釋一個內容，我們必須站在學習者的角度，想像他們的理解過程，教的過程還能促使我們對所學內容有更加深入和全面的理解，幫助我們發現自己的某些盲點或者沒有理解透徹的地方。

作品思維：讓輸出變得有趣

我在美國的時候，曾經做過一件讓我至今回想起來都感到很自豪的事情——我為自己策畫舉辦過一場個人畫展。

為什麼會想到要為自己舉辦一場個人畫展呢？其實是我當時工作之餘學習畫畫時，突然冒出來的一個想法。這個想法雖然有些突然，但它背後卻有兩股非常強大的支撐力量：童年時的夢想和自我蛻變的決心。

畫畫曾經是我生命中最重要的一件事情。我四歲的時候就開始畫畫了，不過那時的我並沒有跟著老師學習，只是喜歡一個人靜靜地趴在桌子上，把頭腦裡的人物和故事畫出來。

十三歲時，我的作品很榮幸被選入《中國青少年書畫家作品精選》，我也被列入《中國青少年書畫人才辭典》，同年，我以美術第一名的成績考入省重點中學，成為了一名美術特長生，開啓了正式的美術學習。那個時候，我人生最大的夢想就是要成為一名畫家。

然而，進入中學之後，這個夢想卻慢慢被磨滅了。一方面是因為枯燥的專業訓練讓我感受不到創作的樂趣，但更重要的是，對於學習藝術，大家普遍存在著偏見，認為藝術是成績不好的學生的選擇，我當時也受到了這種偏見的影響，所以，當我發現了自己在學習上很有潛力之後，便主動放棄了藝術這條道路。

從那以後，成績成了唯一重要的事，我開始有了很強的競爭意識，我努力，不再是因爲喜歡，而僅僅是因爲想「贏」。與此同時，我也變得越來越不快樂，越來越不自信。雖說在大學期間，我曾因爲迷茫而進行過大量的嘗試和探索，但最終還是沒有走出來，這樣的狀態一直持續到我在美國念完研究所。

商學院畢業之後，我在俄勒岡州政府機關做著一份相對清閒的工作。有一天，我無意間在報紙上看到了一個繪畫課程的廣告，這讓我突然想起了自己曾經的夢想，就在那一瞬間，我似乎感覺到自己身體裡有種力量被喚醒了，於是，我毫不猶豫地加入了這個課程。

相隔十餘年，當我再次拿起紙和筆，重新開始畫畫時，我發現那種久違的幸福感終於又回來了。畫畫成了我每天最幸福的時光，我已經很久沒有如此忘我和投入地去做一件事情，而這種忘我的感受實在是太美好了。

當時，我已經做出了半年之後回國的打算，所以在我有了辦畫展的想法之後，我就計畫著把它當成自己的告別儀式，用這種特別又充滿意義的方式，爲這三年的美國生活畫上一個圓滿的句號。

我爲畫展定了一個主題，叫做「發現遺失的自我」，之所以選擇這個主題，是因爲我想把這次創作過程當成一個自我的療癒過程，以此深入探索內心的感受——那些埋藏在心底的恐懼、孤獨、自卑和脆弱。

主題定好之後，我就按照一週一幅畫的節奏，一邊跟著老師學習新的繪畫技巧，一邊進行創作，並最終完成了十五幅作品。爲了讓這次畫展看起來有模有樣，我還模仿其他藝術家，爲畫展設計製作了宣傳冊和邀請卡，宣傳冊上有藝術家創作自述（闡述畫作表達的想法和理念）、藝術家個人介紹，以及此次畫展的主要作品。

就這樣，我靠自己一個人的力量，用了半年的時間，把「個人畫展」從想法付諸實現。儘管這場畫展並不專業，來參加的幾乎都是我身邊的同學、同事、老師和朋友，但我自己非常滿意，因爲我在過程中找回了快樂與自信，這對我來說才是最重要的。

像創作者一樣思考

我之所以對這件事情記憶猶新，一方面是因爲這對於我來說是一次難得的自我突破和人生體驗，另一方面則是因爲我從這次經歷中得到了一個非常重要的啓發：一件原本看似平常的事情（比如畫畫），當你賦予它不一樣的意義，並選擇了某種可以對外展示的形式（比如畫展）與他人分享時，竟然會帶來如此不同的感受和結果。說實話，若不是想開畫展，我一定不會有動力完成那麼多作品，更不會多出這樣一段獨特的人生經歷與體驗。

後來，我還為這個啓發取了一個有趣的名字，叫做「作品思維」。

作品這個概念，可以說是專屬於創作者的，因為任何作品都來自創作者，它是創作者透過創作活動而產生的，是具有一定獨創性的有形智力成果，這種成果可以是小說、論文、劇本等文字作品，也可以是攝影、繪畫、音樂、戲劇、雕塑等等。

對於創作者來說，作品就是他們一種對外的自我呈現，是他們自我的一部分。為了讓自我得到最佳呈現，創作者會在作品上傾注大量心血，精益求精，而這種專注與投入，反過來又會推動他們不斷發掘自身潛能，不斷尋求新的靈感與自我突破。

那麼，什麼叫做「作品思維」呢？簡單來說就是，**即便你不是傳統意義上的創作者，你也依然把自己想像成是一個創作者，然後從作品的角度思考——如何將自己所做的事情「作品化」，變成可以對外展示和分享的作品。**

就拿我剛剛的故事舉例，我當時想做的不過是重新開始學畫畫而已，然而當我把自己想像成一個創作者，並且決定要辦一場屬於自己的畫展之後，這件事情就變得意義非凡了——它不再是繪畫技能的訓練那麼簡單，而成了一種自我探索和自我表達，而我要做的也不再只是簡單地把畫畫好，而是思考我想表達什麼，以及如何透過畫的形式來呈現。

再舉個例子。二〇一三年年末，我和幾個朋友一起去印度跨年旅行。我一直對印度文化很感興趣，旅行正好可以促進我深入學習和了解。爲了充分利用這次旅行機會，我提前一個月就開始做功課，讀完了一本非常厚的有關印度歷史的書。在旅行途中，我也一直保持著同步閱讀和學習。

這趟旅行之後，我發現自己對印度的歷史和文化已經有了相當不錯的了解，而且我對這次行程的設計和安排也非常滿意。於是我就想，如果能夠把自己積累的知識和經驗，分享給那些對印度文化和旅行同樣感興趣的人該有多好呀！這個時候，我靈機一動，不如就做一期關於印度的旅行雜誌吧？

事實上，當時的我還從來沒有做過雜誌，但這並不能阻礙我行動，因爲不會可以學。結果不到兩週的時間，我就完成了一期圖文並茂的旅行雜誌《世界教室系列之北印》，當中不僅對印度的地理、歷史、宗教和文化進行了簡單的介紹，還介紹了北印度一些主要歷史文化名城，最後還提出了實用的旅行建議。完成之後，我非常自豪地分享給了身邊感興趣的朋友們，得到了一致好評。

在作品中持續自我進化

有了幾次「作品」創作的美好體驗之後，我開始不自覺地尋找新的創作機會。

那時，我已經有了自己的公衆號，也寫了不少文章。這些文章推出之後，雖然有不少人轉發，但是過不了幾天，就會像石沉大海一般，淹沒在網路衆多資訊裡。

我不希望自己辛苦寫出來的文章變成一次性的「消耗品」，於是我問自己，有沒有可能找到一種方式，把寫過的文章都沉澱下來，讓大家可以隨時閱讀呢？這時，我又想到了雜誌，因爲我發現，雜誌不僅能夠將這些文章整合在一起，還能透過排版讓它們得到更好的視覺呈現，就算最後沒有人讀，我自己留著做紀念也是不錯的。

趁著這股熱情，我很快就完成了這期個人雜誌。爲了保守起見，我只印了一百本，但沒想到的是，雜誌很快就被一搶而空了，這給了我莫大的鼓勵和信心。半年之後，我又開始策畫自己的第二期雜誌。這一次，我在封面設計、校對和排版上做得更用心了，並把印刷數量增加到三百本，結果又很快被搶空。爲了滿足更多讀者的需求，我最後決定把紙本雜誌改爲電子雜誌。

之後，個人雜誌便成了我的個人系列作品，內容形式也從最初的公衆號文章集結，變成了全新的創作（每年我都會用兩三個月的時間來進行雜誌創作）。到現在爲止，我已經完成了六期個人雜誌。

關於作品，有些人可能會覺得，必須等到能力達到一定水準之後再去考慮，但我的想法和建議恰恰相反。**不管你此時處於怎樣的水準，你都可以擁有自己的作品，因爲作品不是用來證明自己的，而是用來促進學習和自我進化的。**

說實話，讓我現在回頭去看過去的作品，不管是在思想內容、行文邏輯，還是表達方式上，我都能找出很多瑕疵，但如果沒有過去這些不完美的作品，如果沒有它們所帶來的強大動力，我又怎麼可能在短短幾年內，就獲得如此大的成長和進步呢？

正是因爲我在各方面能力都還不足的時候，就把每一篇文章、每一期雜誌當成自己的作品來看待，我才會在寫作這件事情上如此用心和投入（每篇文章我都會花費大量時間思考和做研究，在寫作和修改過程中也會反覆推敲，以確保結構和邏輯的嚴謹性），而我的思考能力、認知能力和寫作能力，就是在這一次又一次的用心創作中慢慢磨練出來的。

說到這裡，我想你應該能夠體會到「作品思維」的好處了：當我們爲一件事情設定了某種具體的作品形式之後，這件事情就會變得更加有意義，動力也會更強，更爲重要的是，有了作品的意識之後，我們會更加認眞和投入，也能從中收穫更多的成長與樂趣。

假如生活是一幅作品

事實上，這種「作品思維」不僅可以用在知識或技能的學習與提升上，還可以用在生活的各方面，我們甚至可以把生活本身就看成是自己的作品。

五年前，在進行第二期個人雜誌創作的時候，我在雜誌封面寫下了這麼一句話：「如果生活是一幅作品，你會如何創作？」我非常喜歡這句話，因爲它就是我生活態度的完美體現——在我看來，生活本身是沒有規則，也沒有固定模式的，它存在著很大的想像空間，也存在著很多可能性，而我們的生活會以什麼樣的方式呈現，完全取決於自己的想法和行動。

當然，這種生活態度並不是與生俱來的，而是我在成長過程中慢慢領悟到的。當我意識到美好的生活必需自己創造之後，我便開始把大量的熱情投入到生活當中。

我開始做斷捨離，捨棄一切不必要的人事物，並花時間設計和打造自己的居住空間，讓它符合我的個性與審美。我開始注重健康，努力培養健康的飲食和運動習慣。我也開始有意識地探索和培養可以長期投入的業餘愛好，讓自己的生活擁有更多樂趣。

經歷了這些年在生活上的探索和實踐，我越來越清楚，什麼樣的生活才是自己眞正想要的，也慢慢地把生活打造成了自己最想要的樣子。

曾經有段時間，我爲自己放棄了藝術這條路而感到遺憾和心痛，但是現在想想，我發現自己並沒有眞的放棄，因爲我眞正熱愛的其實並不是畫畫，而是創作——我最享受的，是那個把腦中想法付諸實現的過程——畫畫只不過是我當時選擇的一種創作形式罷了，而如今我的創作形式，從畫畫變成了寫作。

如此說來，我似乎已經在不知不覺中回歸到了自己最喜歡，也最具天賦的那條道路，並如願以償地成爲了一名創作者。我相信，這條路我會一直走下去，未來我還可能會探索更多的創作形式，然後用各種有趣的「作品」不斷豐富我的人生。

價值變現：賺錢的邏輯

我知道，很多人心中都有著這樣的夢想，那就是有一天能夠透過做自己喜歡的事情來賺錢。說實話，這個夢想其實並沒有那麼難實現，尤其是在如今這個時代，但想要實現這個夢想，我們就得先轉變自己的思維視角——從市場和價值交換的角度去考慮問題。

這種視角轉換非常重要，因爲喜歡的事情和賺錢的事情本質上是兩件事情：喜不喜歡關乎的僅僅是個人需求和感受，只要能從中獲得自我良好的感受，我們就會喜歡這件事情。但是能不能賺錢關乎的則是他人的需求和感受，因爲錢在他人手裡，只有當他們的某種需求得到滿足時，才會願意把錢掏出來。

如果我們只是想培養一項興趣愛好，就只需要考慮自己，考慮如何讓自己在這個過程中獲得持續的進步和成就感，但**如果我們想把喜歡的事情變成賺錢的事情，甚至是一項長期的事業，那就必須學會從他人的角度去思考自我價值。**

從作品思維到產品思維

我之前做過一個與微信相關的生活教育類品牌，叫做「第二身分」。當時，有個訂閱者曾留言說不喜歡這個平臺，因爲它太商業化了。關於「太商業化」，她指的應該是，第二身分裡的內容全都是與課程有關的介紹，沒有任何「純粹」的、與銷售無關的分享。按照這種邏輯，我猜想她所渴望的「不商業化」的理想世界是這樣的：每個人都願意無償分享或給予，這裡的交換不是基於價格和金錢，而是基於愛心和奉獻精神。

這種邏輯其實並不少見，不少人都有這樣的信念，亦即商業（賺別人的錢）是不好的，公益才是偉大的。正因爲這種信念的存在，中國市場出現了很有意思的現象，很多創業公司爲了避免讓自己顯得「太商業化」，把直接的商業模式變成間接的商業模式，比如，做內容的不靠內容賺錢，做工具軟體的也不靠工具軟體賺錢，而是靠把用戶賣給廣告主或售賣用戶隱私來賺錢。

蘋果公司執行長庫克（Tim Cook）就曾經在一封公開信中評論過這種模式，他說：「當一項線上服務免費時，你就不再是消費者，反而成爲被消費的對象。」庫克聲稱蘋果公司絕不會出售用戶隱私，因爲蘋果的商業模式非常直接，那就是以出售出色的產品賺錢。

我覺得，大家對於商業的誤解主要是源於對商業本質的不了解。複雜的現代商業和細緻的分工使得每個人都只是價值鏈中微不足道的一分子，大多數人都處於價值鏈的中間環節，拿的也是固定薪資，因此我們很難跳出狹隘的視角，從市場的角度來理解商業，理解需求、價值與收益之間的關係。

然而，想要更能抓住時代給予我們的機會，逐漸擺脫螺絲釘的角色，並最終擁有自己熱愛的事業，就必須對商業本質，或者說賺錢的邏輯有更深刻的認知。

那麼，商業的本質到底是什麼？

我們可以先想想，商業為什麼會存在呢？很簡單，因為每個人都有需求，比如吃穿住行用等物質需求，以及各式各樣的精神娛樂需求，這些需求是無法透過自給自足的方式來得到滿足的，而是必須依賴他人的分工協作。這個時候，就需要有人來組織生產這些社會所需要的東西。

可是，生產者怎麼知道自己生產的東西是不是社會所需要的呢？唯一的判斷方式就是看自己是否能夠盈利，因為消費者只會為自己需要的東西付錢。如果能夠盈利，那就表示市場需求是存在的，收益是對你價值創造的一種肯定；**如果無法盈利，那就表示你做的事情市場價值不大，應該停止，然後把資源投入到更有價值的事情。**

說到這裡會發現，商業的本質其實很簡單，無非就是發現需求，滿足需求，獲得回報。

或者換句話說，爲他人提供需要的產品，以此賺錢。我們甚至可以用兩個詞來總結商業的本質，那就是產品和賺錢——賺錢是商業的終極目標，產品則是實現這個目標的關鍵。不過值得一提的是，這裡所說的產品，指的並不是某種具體商品或者服務，而是泛指一種解決方案。因爲隨著商業水準的不斷提高，社會最基礎的物質需求基本上都已經被滿足了，所以，現代商業面對的都是更高層次的人性需求，而這個層面的需求都非常複雜，因爲它是抽象不具體的，你必須進行深入的思考、分析和判斷，才有可能理解用戶眞正想要的是什麼。

從這個角度來說，產品代表的，其實就是你對問題和需求的理解，以及你利用自身優勢和資源，最後所給出的解決方案。你對問題理解得越深，優勢和資源越突出，那麼你的產品就越有競爭力，經濟回報自然也越高。

明白了這些之後，我們就不難得出這樣的結論：「不管是商業能力還是賺錢能力，歸根究柢都必須依賴產品能力。」那麼以此類推，不管你是想提高自己的商業價值，還是想最終擁有屬於自己的事業，最好的方式都是先訓練自己的產品思維和產品能力，也就是學會從他人需求的角度思考這兩個問題：「我要爲誰解決什麼問題？」「這個問題要怎麼解決？」然後再根據這些思考，發掘自身優勢，整合各種資源，把自己的價值打包成一個產品向世界交付，以此獲得回報。

從自己的痛點開始

理解了什麼是產品思維之後，我猜想，你可能又會冒出新的困惑：產品思維聽起來的確非常好，我也很想擁有產品思維，但問題是，我根本不知道自己想要爲誰解決什麼問題，這個時候該怎麼辦呢？

關於這個問題，我的建議是，先從自己的痛點開始，從自己的生活開始。

商界傳奇教授陳春花曾在一次關於商業哲學的發言中提到：「想要理解商業，就必須回歸到生活本身，商業之所以可以持續是因爲生活是持續的，每個人的生活都是不斷向前、不斷尋找生活本身價值的。人並不是一個消費者，而是一個生活者，人最重要的追求不是在消費這些產品，而是讓他的生活變得更加多元和更加精采。」

我非常認同這種說法。雖然從表面上看來，每個人的需求似乎各不相同，但實際上這些需求都離不開一個共同的主題，那就是更好的生活。而我們所有的問題和不滿足，歸根究柢也都是源於對美好生活的嚮往，以及對品質和意義的追求。

陳春花說：「當商業能回答人在生活中的各種問題時，它自然就有了自己的價值。」這個道理同樣適用於個人：「當你能成功地解決生活中的各種問題，把生活過成了別人都羨慕的樣子，把自己打造成了別人都想接近的人時，你自然也就有了自己的價值。」

所以，當你不知道想要為誰解決什麼問題時，那就暫時把目光放回自己身上，把自己當成第一個客戶，先學會為自己解決問題。說實在的，如果你連自己的問題都解決不了，連自己的生活都過不好，又怎能期待自己幫助他人擁有更好的生活呢？

事實上，我就是因為先解決了自己的問題，才找到了人生熱情和事業方向的。有讀者曾經問我，我是什麼時候知道自己想要做什麼的。我想了想，告訴他，如果追根溯源的話，其實九年前在美國的時候，我就差不多知道了，只不過當時我只知道自己想做幫助他人成長的事情，但並不清楚具體要做什麼。

為什麼會有想要幫助他人成長的想法呢？很簡單，因為我當時正經歷著一場重要的成長與蛻變。我從一種長期以來的消極被動狀態，開始變得積極主動起來，不斷走出自己的舒適圈，大膽進行各種突破和嘗試。在這個過程中，我逐漸找到了對生活的熱愛，對未來的希望，以及對自己的信心——這些都是我當時最缺乏，也最渴望擁有的。

我發現，人是有分享本能的，當一個人感受到了某種快樂的時候，就會很想把這種快樂分享給其他人，所以，當我體會到了那種積極美好的生命狀態之後，就非常渴望能夠讓更多人體會到，而且我很清楚，不少人其實和我過去一樣，生活過得不是很開心，對自己有很多不滿，對未來充滿了迷茫，但又不知道該怎麼辦。我想，如果我能夠成功地實現自我改變，那麼其他人也一定可以。

說實在的，在此之前，我從來沒有體會過什麼叫做使命感，也不知道自己的人生熱情在哪裡，更不清楚未來到底想做什麼。但是那次經歷卻給了我一種強烈的使命感，那就是，我要幫助更多人成長爲一個更好版本的自我。從那以後，這種使命感便成了我最強大的動力來源，推動著我不斷往前走，而我之後所做的一切事情，都是圍繞著這個最高目標進行的。

沒有什麼是一步到位的

那麼，知道想要爲誰解決什麼問題之後，我們就可以透過產品將自己的價值變現了嗎？答案是否定的，因爲知道想要解決什麼問題，並不意味著你就能有效解決這個問題，要知道，想要解決問題和能夠解決問題是兩回事。

在前面的內容中，我提到了試錯的概念。當我們不知道如何實現某個目標的時候，唯一的辦法就是去試錯，先選擇一個可能的解決方案去行動。如果失敗，那就選擇另一個可能的解決方案再接著嘗試下去。只要這個問題是可以解決的，那最終就一定能夠透過行動和試錯達成預期的目標。

同樣道理，在不知道什麼樣的產品形式才能有效滿足用戶需求的時候，我們唯一的辦法也只能是試錯，也就是先把抽象的想法具體化，變成一個他人可以參與和體驗的產品，這樣的話，我們便能透過眞實的回饋，了解到產品是否眞的能夠解決問題，然後再根據這些回饋進行改變和調整。

除了試錯之外，反覆運算也是十分重要的。什麼是反覆運算呢？如果說試錯的目的是爲了找到最佳的產品形式，那麼反覆運算的目的則是根據回饋，持續對產品進行改進與完善，以提升用戶體驗和滿意度。

不得不說，試錯和反覆運算全都是產品思維中不可缺少的一部分，因爲這個世界上，沒有什麼產品是一步到位的，所有產品都必須經歷試錯和反覆運算的過程，而且這種反覆運算可能永遠都不會停止。

回到我自己的故事。雖說我很早就已經知道自己的人生熱情在哪（要解決什麼問題），然而在具體要做什麼（用什麼方式去解決）這個問題上，我卻經歷了很長時間的試錯，進行了很多次的產品反覆運算，直到現在才有了相對比較確定的答案。

我做的第一個嘗試，是在二〇一一年利用業餘時間創辦的一個女性社區。當時的想法很簡單：我想，如果能夠把一群渴望改變和成長的女性聚集在一起，那麼大家就可以透過彼此之間的交流和學習來實現成長。

這個社區一開始做得還不錯，但一年之後就遇到了發展的瓶頸，我自己也遭遇到了一些人際關係上的挫折。透過反省，我意識到，僅僅把一群人聚在一起，組織一些活動，是沒有辦法幫助他人實現自我成長的，而且過於頻繁的人際交往反而讓我自己變得很浮躁。

意識到這些之後，我便放棄了這個專案，把業餘時間全部投入到閱讀、學習和生活上，並開始透過公眾號寫作的方式來梳理關於自我成長的思考。

我做的第二個嘗試，是在二〇一四年夏天設計的線下課程。當時我覺得自己對成長的理解好像差不多了，於是開始計畫著，把自己關於自我成長的理念和方法，變成一個線下課程，透過這種方式幫助大家成長。由於沒有相關經驗，我打算先做一個免費的試驗版看看。我把這個課程命名爲「夢想啓動計畫」，並透過線上招募和篩選，確定了第一批參與者，緊接著我用了兩個多月的業餘時間，很快完成了整個課程的設計和線下分享。

當產品處於抽象想法的階段，我很難看見它的問題。等到課程完成之後，我才發現，它太不成熟了——這些內容和方法僅僅是我個人的經驗之談，經不起推敲，背後也沒有扎實的理論依據。所以，「夢想啓動計畫」第一期完成之後，我就停止了繼續做的念頭，並再次把重心轉移到學習和思考上。

之後的這幾年，我就一直在重複這個過程：**每當我覺得自己想得差不多的時候，就**

會把頭腦中的想法具體化成一個產品，每做完一個新的產品，我都會發現一些之前意識不到的問題和認知上的盲點。這個時候，我又會繼續回到學習和思考上，透過輸出作品的方式（寫文章和寫雜誌）來提升自己的認知。

這其實就是典型的精實創業。精實創業是矽谷創業家萊斯（Eric Ries）根據日本豐田汽車的管理哲學精實生產提出的。它的核心思想是，先在市場中投入一個極簡的原型產品，然後透過不斷學習和有價值的使用者回饋，對產品進行快速反覆運算優化，以期適應市場。

這些年，從表面上看，我似乎總是在不停地做各種嘗試，但我內心非常清楚自己在做什麼。我做的，就是在作品和產品的交替輸出中，不斷加深自己對問題的思考與理解，提高解決問題的能力，在這個過程中我也嘗試了不同類型的產品形式，比如社群、線下課程、線上課程和一對一諮詢服務，並得以積累了相關的產品與營運經驗，而這一切都是在為我最終的事業目標服務，即向這個世界交付一個出色的產品，以此實現我想實現的社會價值。

你現在所讀到的這本書就是我最新的作品，它也算得上是我最重要、最驕傲的里程碑式作品，因為在這本書中，我終於完成了對問題的系統分析和梳理，以及整個理論和實踐體系的系統化。有了這些做基礎，我接下來打算推出正式的產品和服務，並將個人重心從自我學習和積累，轉移到事業發展和社會價值的創造上，幫助更多人解決自我發展的問題。

Chapter

4

建立精力管理策略

真正的問題並不在行動本身，而在於開始行動，因為行動其實並沒有想像中那麼痛苦，它反而會讓我們擺脫內疚和焦慮的折磨，有時甚至還會帶來充實和滿足感。想要停止拖延，就必須盡可能容易地讓現在的自己邁出開始的那一步。

你不是真的懶，你只是壓力大

在第三部分，我們了解了目標設定的原則和方法，也了解了如何透過計畫設計和規畫目標的過程。不過，就算有了具體的目標和詳細的行動計畫，也並不意味著就一定能夠按照計畫行動。

很多人在行動初期，都會遇到制定了計畫卻沒有辦法按照計畫行動的情況。這個時候，大多數人會把問題歸結於缺乏意志力，緊接著去找各式各樣有關意志力的書籍或者課程來學習，但最後的結果卻往往不如人意，而且很多時候，越是關注和強調意志力，反而越難自我控制。

許多新時代成功學的書籍和文章都告訴我們，意志力是最重要的成功品質，它是一個人抵制誘惑，面對逆境和挑戰時堅持不懈的必備要素，想要取得成功，就必須讓自己成爲一個具有意志力的人。

對於這樣的觀點，我們深信不疑，因爲它聽起來很有道理、很符合邏輯。這就使得我們常常爲自己「懶惰」和「缺乏意志力」的行爲感到羞愧和內疚。然而，過去二十年腦科學的研究卻告訴我們，這種觀念不僅僅是過時的，而且從根本上就是錯誤的，因爲那些意志力的追捧者並不知道還有更根本的東西在運作著，這個更爲根本的東西，就是「自我調節」。

自我調節和自我控制有著本質上的區別，所謂的自我控制，指的是抑制對行動不利的情緒和衝動，比如在你不想做某件事情的時候，抑制這種「不想做」的情緒；自我調節則是識別情緒和衝動產生的原因，減少情緒和衝動的強度，並在必要時，讓我們擁有足以抵抗衝動的能量。

雖說意志力也非常重要，但它並不是強大行動力和成功生活的核心要素，因爲當我們處於情緒不穩定或失去平衡的時候，行動力和意志力就會不由自主地變得很糟糕，在這種情況下，只有先將情緒調節到平穩狀態，自控和行動才有可能實現。所以，相較於意志力，自我調節才是更爲根本的能力。

自我調節，而非自我控制

現代人對於「意志力」的崇拜，很大程度源於我們對大腦的錯誤認知。傳統神經科學一直認爲，大腦是透過層級結構來發揮作用：在大腦的前額葉皮層中有著「高層」的執行系統，這個執行系統統治並控制著從「低層」的邊緣系統（也稱爲「情緒腦」）發出的衝動情緒。在這種觀點下，當我們無法控制自己情緒時，就會被看成是軟弱、缺乏意志力，甚至是無能的。

然而，紐約大學神經科學家雷杜克斯（Joseph LeDoux）關於杏仁核的研究卻顚覆了這種觀點。他的研究告訴我們，大腦的新皮層（也就是所謂的「思考腦」）雖然是高級中樞，但它對情緒的掌控其實是有限的，因爲我們的情緒系統可以繞開新皮層自動作出反應，而且當情緒腦處於掌控地位時，思考腦不僅無法控制情緒，甚至本身還會受到抑制。

爲什麼會這樣呢？這一切都源於杏仁核的獨特功能。

杏仁核是位於大腦皮層下方的一個神經結構，可以說是大腦情緒系統中最核心的一部分，負責情緒記憶與情緒反應。過去，神經科學認爲杏仁核受新皮層控制，因爲它必須先從新皮層獲得信號才能做出情緒反應，但是雷杜克斯卻發現，杏仁核其實並不需要依賴新皮層獲得信號和做出反應。

一般來說，大腦對外部刺激的反應過程是這樣的：感官（視覺、聽覺、觸覺等等）收到的信號會透過丘腦傳遞到新皮層，新皮層會將信號轉化成我們可以感知和理解的具體物件，然後我們才能對事件進行分析和判斷。不過，丘腦在將信號傳遞給新皮層的同時，也會將信號同步傳給杏仁核。由於這條通路更小、更短，而且杏仁核不需要像新皮層那樣對信號做複雜的處理，所以杏仁核對信號的處理和反應速度遠遠快於新皮層。

從進化的角度來看，大腦的這種設計對於生存來說具有非常大的價值，因爲它能夠讓我們在幾毫秒之內對潛在威脅迅速作出反應，幫助我們快速逃離危險。你可以想像一下遠古時代，如果必須等到新皮層進行分析和判斷之後才能對緊急狀況做出反應，那麼我們可能還沒來得及理解是怎麼回事就一命嗚呼了。

了解到杏仁核這種功能特性之後，我們會發現，杏仁核在大腦裡其實承擔著警報的工作。它會對每個處境和認知進行判斷，如果某件事情讓它感到不安全，那麼它就會拉響警報，並向大腦各主要部分發出緊急資訊。這個時候，我們的大腦和身體就會立刻進入「應激狀態」，也就是所謂「戰鬥或逃跑」狀態。

但問題是，大腦這套警報系統早就已經過時了，因爲它在進化中是爲了應對原始生存環境中隨時會出現的食肉動物的襲擊，而現代人顯然無須時時刻刻警惕獅子的攻擊。我們現在所承受的大部分壓力都來自於心理層面，比如對某事的擔憂，而不是眞正意義上的生存威脅，但警報系統並不知道，而且它的判斷是極其快速且不精準的，一旦它「認定」面臨威脅，就會馬上接管大腦及身體，發出指令，激發情緒。

這種過時的警報系統，使得我們經常因爲杏仁核的過度敏感而處於「戰鬥或逃跑」狀態，比如上司的一句批評或者某個消極的念頭，都有可能啓動應激系統。更糟糕的是，這些消極事件和念頭可能會長期存在於潛意識之中，只要它們不消失，警報就會持續存在，大腦也會不斷產生過量的壓力激素。

在「戰鬥或逃跑」狀態中，爲了有足夠的能量應對「警報」，我們的大腦和身體會減緩或者關閉所有不需要的功能，以避免消耗過多能量，其中就包括新皮層所負責的所有功能，比如決策和判斷、長遠規畫、專注力、認知能力、語言能力，以及我們非常看重的意志力。這就是爲什麼在緊張和焦慮的時候，認知能力、思考能力和表達能力都會下降，很難專注做一些事情，容易被即時享樂所吸引，情緒也更容易失控。

如果你發現自己總是在拖延，總是無法按照自己制定的計畫行動，這並不是因爲懶散或者意志力薄弱，而是因爲心理壓力太大，使得應激系統一直處於運行和警覺狀態，它消耗了你過多的能量，使得大腦新皮層的功能無法正常發揮。

在這種情況下，強調意志力反而會讓你因爲內疚和自責產生更多心理壓力，緊接著大腦就會釋放出更多的壓力激素，新皮層的功能進一步被抑制，這樣的結果就是，想要實現自控變得更加困難了。

其實，此時的你眞正需要的並不是自我控制，而是自我調節。自我調節的作用和自我控制完全相反，它能夠幫助我們關閉大腦和身體的「戰鬥或逃跑」模式，讓情緒腦恢復到平靜的狀態。只有在情緒腦解除警報之後，思考腦才能發揮作用，你才會有足夠的精力和能量來應對困難與挑戰，把要做的事情做好。

識別你的壓力源

如果說自我調節的目的是關閉大腦的「警報」模式，那麼自我調節要做的第一件事情，自然就是找到「警報」的壓力源，也就是要了解，到底是什麼讓杏仁核感到不安和被威脅，並最終發出了警報。

說實話，這並不是一件容易的事情，因爲杏仁核是獨立於新皮層反應的，也就是說，意識並未參與情緒反應的過程。當然，如果事件和情緒是緊接而來的，那麼即便意識沒有參與，我們也能很快知道情緒是因爲什麼而引起的。但問題是，並非所有的壓力源都是某個具體的事件，它可能是一種長期的擔憂，也可能是某種潛伏很久的憤怒或失望。在這種情況下，如果不對情緒進行深入挖掘和分析，我們很難知道自己爲什麼會處於現在這種狀態。

那麼，怎樣才能找到自己的壓力源呢？這裡有一個最基本的原則，那就是，現代人的精神壓力往往來自於信念與現實之間的衝突：如果你內心存在著焦慮、憤怒或擔憂之類的消極情緒，那一定是因為現實與你所期待的不一致，或者你害怕會出現與期待不一致的結果。

接下來，我們就簡單分析一下生活中常見的消極情緒。

憤怒、不滿和失望

不知道你有沒有發現，每個人的頭腦中都存在著各式各樣有關世界、他人和自己的規則，這些規則通常都是以「必須」「應該」之類形式而存在，比如我們覺得這個世界應該是什麼樣的、生活應該是什麼樣的，或者在某種場景下，一個人就應該怎樣怎麼樣，或者就不能怎麼樣。

一旦實際狀況「違反」了頭腦中的這些「規則」，杏仁核就會把它看成是一種「威脅」，並拉響警報，於是我們就會感受到不滿，甚至是憤怒的情緒，也會忍不住想要指責和評判。比如說，當我們覺得別人應該理解和尊重自己，但別人卻沒有這樣做的時候，我們就會感到非常生氣；再比如，當我們覺得自己應該去做某件事情，或者應該把某件事情做好，但最終卻事與願違的時候，我們就會對自己感到失望，並因此陷入到自責的情緒之中。

當你仔細審視內心那些憤怒、不滿和失望的情緒，你就會發現，這些情緒背後都潛藏著某種「應該」或者「不應該」的期待與信念。

擔憂、焦慮和害怕

剛剛說到的這些情緒都是和已經發生的事情有關，但除了這些事情之外，我們還經常會為了還沒有發生的，甚至根本不確定會不會發生的事情苦惱。比如當我們想到自己做某件事情有可能會失敗，或者總想著某些可能會發生的不好的結果時，就會不由自主地感到擔心和焦慮。

如果說，憤怒、不滿和失望是因為現實和期待不一致所導致的，那麼擔憂和焦慮一定是因為我們把注意力放在不想要、不期待發生的事情和結果上。這是因為，以杏仁核為中心的應急系統其實是非常原始和落後的，它沒有辦法區分什麼是現實，什麼是想像，當我們想像某件不好的事情或者結果的時候，它就會以為這件事情已經發生了，於是拉響警報，為接下來的「戰鬥或逃跑」做好準備。

你可能不知道，**當大腦處於焦慮和警覺的狀態時，就越容易產生消極的想法，我們也越容易把注意力聚焦在不好的結果上，結果就會變得更加焦慮。在這種狀態下，各方面的潛能都會受到影響，反而更容易招致失敗。**

總而言之，關於精神壓力，我們必須明白的是，生活中並不存在什麼眞正的「生存威脅」，所有壓力都是認知層面的，都是因爲頭腦中的某種信念和想法而引起的，找到了這些信念和想法，我們就找到了壓力源。

聚焦自己可以掌控的

找到了壓力源之後，我們接下來要怎麼消除這些這些不良壓力呢？

說到這裡，我想先分享一段非常著名的禱告文，稱爲「寧靜禱文」，前面三句是這麼說的。

主啊！求你賜給我寧靜的心，去接受我不能改變的事物；

賜給我勇氣，去改變我能改變的一切；

賜給我智慧，去分辨這兩者間的差異。

答案其實就在這短短的幾句話裡，那就是，接受那些自己改變不了的事情，然後把注意力放在自己可以改變和掌控的事情上。從本質上來說，生活中的所有痛苦都是源於無法實現的控制欲，是因爲我們總想控制那些自己控制不了的事情——比如已經發生的事情，未來不知道會不會發生的事情，或者他人的看法等等——卻不懂得把注意力放在那些自己可以改變和控制的事情上，以此讓自己的生活變得更好。

可是，新的問題又來了。如何才能知道什麼是自己可以掌控的，什麼是自己掌控不了的事情呢？

說實在的，在這個世界上，我們眞正能夠掌控的東西少之又少。我們掌控不了他人的行爲、態度和想法，我們也掌控不了任何結果，我們甚至連自己的情緒都掌控不了，因爲情緒本身就不受意識控制。

那麼我們到底能掌控什麼呢？**這個世界上我們眞正可以掌控的東西，其實全都在自己的腦子裡，那就是信念（我們相信什麼、不相信什麼）、看法（我們如何看待和解讀身邊發生的事情），以及注意力（我們關注什麼，不關注什麼）**。

千萬別小看它們的力量，因爲透過它們，其實可以做出很多改變。雖然我們無法直接掌控外界的看法與自己的情緒，但是我們可以透過調整信念和看法，改變注意力的焦點，來調節自己的情緒和狀態；透過調節情緒和狀態，我們可以改變自己的行爲；透過改變自己的行爲，我們就能間接地影響和改變最後的結果，也能改變外界對我們的看法和態度。

明白了這些道理之後，再回到如何消除心理壓力這個問題，我們不難發現，情緒調節的關鍵在於改變認知和轉移注意力。所謂的改變認知，就是改變頭腦中那些與現實相衝突的信念，然後把關注點從不想要的結果，轉移到想要的結果上，並思考如何去實現它。

①改變認知：學會接納，放下執念與評判

既然壓力是因爲現實與自己想要的不一樣所造成的，而現實又是改變和控制不了的，那麼想要消除這個衝突，我們唯一能夠做的事情就是改變自己的信念，然後面對和接納現實，內心的衝突和壓力自然就會消失。

比如說，如果你的壓力是完美主義所導致的，是因爲你不允許自己犯錯，不允許自己做不好，那麼就告訴自己：「犯錯是不可避免的，沒有人規定我不能犯錯，所以我一定會犯錯，我可以犯錯。」當我們接受了自己的不完美，接受了自己會犯錯之後，就不會再因爲犯了錯或者害怕犯錯而焦慮不安。

值得一提的是，我發現，很多人會分不清客觀事實和主觀評判之間的區別。「我這件事情沒做好」是事實，但「我很笨」「我什麼事情都做不好」就僅僅只是一種主觀評判。很多時候，我們之所以不願意接納和面對事實，就是因爲混淆了事實和評判，我們相信，「我犯

錯」就意味著「我很笨」。

所以，當我們發現自己抗拒接受某種現實的時候，就必須繼續深挖背後那些與評判相關的信念（這些不合理的消極信念與我們前面說到的底層思維模式息息相關），只有當我們把這個層面的信念找出來，並對它進行調整，最終才能學會接納。

② 轉移注意力：把精力放在如何解決問題上

不過，接納現實並不是最後的終點，接納僅僅是為了減少不良壓力導致的內耗，讓精力得以釋放。只有這樣，我們才有可能把注意力從那些改變不了的事情，以及那些不想要的結果和狀態，轉移到我們想要並且可以實現的結果上，然後透過設定合理的目標和行動計畫，推動自己朝著想要的結果前進。

比如說，假如我們放棄了「我不能犯錯」的想法，那麼在遇到犯錯的情況，就不會責怪自己為什麼會犯錯、為什麼做不好，而是思考要怎麼從錯誤當中學習和自我改進，避免下次再犯同樣的錯誤。

透過這樣的自我調節，我們就能讓自己的心理壓力得到很好的緩解，讓情緒腦恢復到平衡狀態。當精神壓力消失之後，我們的意志力自然就會提高，行動力也就不再是問題了。

現代人都得學會的減壓術

去年有幾個月，我都在忙著寫新書。就在書稿快要完成的時候，我突然覺得自己整個人的狀態都很不好，大腦總是昏昏沉沉的，打不起精神，晚上睡眠品質也不好，入睡困難，而且經常半夜醒來。

當時正巧遇見了一個很久不見的朋友，我問他最近在忙些什麼，他告訴我，他今年給自己設定的主題就只有兩個字——放鬆。

這個答案也太讓我出乎意料了！我問他怎麼會想到設定這樣一個主題。他說他之前太焦慮了，以至於身體一直處於亞健康狀態，經過半年的放鬆，他現在已經恢復到一個很好的狀態了。緊接著，我又問了一下他的放鬆方法，他說他用的就是正念的方法。

聽完這些，我立刻聯想到了自己。心想，最近狀態那麼差，是不是就是因爲精神壓力過大，又沒有讓大腦充分放鬆呢？爲了檢驗這種猜想，我暫停了幾天的工作，並且利用呼吸練習和身體掃描來幫助自己放鬆。沒想到幾天之後，身上那些疲勞感眞的都消失了。

這個時候我才意識到，自己原來一直處於慢性壓力之中卻不自知。好在我對神經科學有一定的了解，並且曾經進行過近兩年的冥想訓練，也就很快明白了爲什麼正念冥想是減壓和放鬆的最佳方法。於是，我決定重新養成冥想的習慣。

在如今這個節奏越來越快、壓力越來越大的時代，我相信很多人都有類似的問題——長期處於慢性壓力之下，精神狀態欠佳。其實，壓力本身並不是問題，關鍵在於如何釋放和緩解壓力，只要懂得如何關閉大腦的應急系統，讓身心及時得到放鬆，壓力就不會對我們造成負面的影響。

在前面的內容中，我們其實已經了解了如何在認知層面進行自我調節，正念冥想則是另一種重要的調節方法，它不僅能夠幫助我們充分放鬆身心，也有助於我們更有效地進行認知層面的調節。

大腦的緊張與放鬆

想要懂得如何放鬆，就不得不先理解放鬆的對立面——緊張。緊張和放鬆，代表的其實是大腦神經系統的兩種不同狀態，而大腦之所以有這兩種不同的狀態，是爲了實現兩種重要的功能：白天工作，和夜晚修復。

大家可能都知道，我們身體的所有器官，都是由自主神經控制的。自主神經分爲「交感神經」和「副交感神經」。交感神經是「白天」的神經、「活動」的神經。副交感神經是「夜晚」的神經、「休息」的神經。

白天，當交感神經處於主導地位時，大腦和身體便會釋放甲腎上腺素、腎上腺素和皮質醇，它們被統稱爲壓力激素。壓力激素聽起來像個「反面角色」，但其實是有著積極作用的——能夠幫助我們有效應對工作中的「精神壓力」。這是因爲適量的壓力激素會產生一定的緊張感或興奮感，這不僅能有助於集中注意力，也能啓動工作記憶，提高大腦的運轉速度，工作效率和品質自然就會提高。

從這個角度來說，工作中有適當的壓力是好事，可以激發我們的潛能。當然，壓力也不能過大，過大的精神壓力會導致大腦加大壓力激素的分泌，而過多的壓力激素不僅不能提高工作效率，反而會激發負面影響——使得大腦因爲過度緊張和焦慮而無法正常工作。

如果說壓力激素在白天是守護我們的「天使」，那麼一旦到了晚上，它們就會變身成傷害我們的「惡魔」。如果到了晚上，身體內還存在很多的壓力激素，那麼身體就會一直處於對抗壓力狀態，並因此無法得到很好的休息與修復，長期以往就會對身體帶來各式各樣不良的影響，比如影響大腦的學習、記憶和注意力等功能；抑制免疫系統，使得身體免疫力下降，容易感染和生病；抑制胰島素的作用，容易造成肥胖、糖尿病等等。

所以，爲了保持大腦和身體的健康，確保它們有足夠精力應對白天的工作，我們就必須在它需要休息的時候，關閉交感神經，不再去想那些會讓我們產生精神壓力的事情，也不去做那些讓大腦感到興奮的事情。只有這樣，大腦才會停止壓力激素的釋放，並切換到「休息模式」，把主導權交給副交感神經，讓高負荷工作了一天的身體得到足夠的休息與放鬆。

娛樂不等於放鬆

我相信，絕大多數人都懂得休息和放鬆的重要性，只是大家對放鬆的理解並不準確，以爲不工作就是在放鬆，所以大部分人都會把娛樂當成放鬆，但實際上，放鬆在生理上的意義與娛樂完全不同。

經過剛剛的解釋，我們已經了解到，放鬆的本質是關閉交感神經系統，讓副交感神經掌握主導權。在放鬆的狀態下，壓力激素會停止釋放，皮質醇會下降，我們的心率、呼吸頻率和血壓都會降低，內心也會感到很平靜。

但是在娛樂的時候，比如追劇、看娛樂節目、玩遊戲、上網的時候，我們的大腦是很興奮的（它還在不斷接收外部刺激），心率、呼吸頻率和血壓都比較高，此時處在主導地位的依然是交感神經系統。所以，娛樂和放鬆完全是兩回事。雖然在娛樂的時候，我們會覺得很「爽」、很開心，但其實它並不能讓大腦和身體得到放鬆，要知道它們本質上還是在「工作」。

當然，我並不是說娛樂是不好的，適當的娛樂有時反而是很有必要的，當我們辛苦工作了一天，尤其是做了很多自己不喜歡，又沒有什麼成就感的工作任務之後，我們的確需要做一些讓自己感到快樂和享受的事情，來彌補內心滿足感或成就感的缺失。

事實上，我每天晚上也都會給自己一些娛樂時間，看看自己喜歡的節目，我把娛樂當成是辛苦工作後給自己的一種獎賞，不然的話，我總會有種「不夠滿足」的感覺。

總而言之，雖說娛樂不是一件壞事，適當的娛樂是有利於身心健康的，但一定要有所控制，除了娛樂之外，還是得要爲自己空下一些眞正放鬆的時間。

正念如何幫助減壓

說到這裡，相信你應該對什麼是放鬆有所了解了。想要眞正做到放鬆，關鍵在於停止對大腦的刺激，不管這種刺激是內在精神壓力的刺激，還是外在娛樂的刺激。

但說實話，這是一件極其困難的事情，因爲就算什麼都不做，我們也會忍不住想起各種事情，比如白天發生的事情、未完成的工作、關於別人想法的猜測、對他人的不滿和憤怒、對自己的批判、對未來的擔憂和迷茫等等。這些想法會持續不斷地刺激大腦，使得大腦無法安靜下來。

怎麼樣才能不讓自己想那麼多呢？其實，我們很難控制大腦不去想事情，因爲只要注意力沒有聚焦在某件事情或者某個任務上，大腦的「預設模式」就會被啓動，這個時候，大腦就會「胡思亂想」，不斷從一個想法跳到另一個想法。想要停止大腦「胡思亂想」，唯一的辦法就是讓注意力保持聚焦，比如聚焦在呼吸爲身體帶來的感受上。

這就是正念減壓的原理。生活中很多不必要的緊張感和焦慮感幾乎都來自頭腦中的想法，假如我們能夠把注意力聚焦在身體的感覺上，就不會產生那麼多想法和念頭，大腦也會逐漸安靜下來，身體也能得到放鬆。

所謂的正念（mindfulness），就是要學會活在當下，不被想法和念頭控制而活在過去或者未來。這種狀態的實現，必須仰賴三種核心技能，它們分別是：專注、覺察和接納（不評判）。

專注，就是把注意力聚焦在想要專注的事物上；覺察，就是能夠在分神、想法冒出來的時候很快覺察到；接納，就是不對想法或自己進行評判，只是安靜地把注意力重新拉回到要專注的事物上。

正念練習的方法實際上非常簡單，最常見的形式就是呼吸冥想，也就是把注意力放在呼吸上，專注於自己的呼吸，去感受呼吸時的身體變化。當我們發現自己分神了，發現注意力開始迷失在各式各樣的想法中時，請不加評判地把注意力拉回到呼吸上，假如過了一會兒，我們發現注意力又跑了，那麼就再次把注意力帶回到呼吸上。

當然，你也可以選擇不用呼吸作爲聚焦點，而是把注意力放在其他的感受上，比如除了呼吸冥想之外，還有身體掃描、行走冥想等等。身體掃描，就是引導自己的注意力，依序觀察身體不同部位的感受。行走冥想，就是緩慢地行走，把注意力放在腳底的感受上。

關於正念冥想，不少人可能會認爲，正念冥想就是要做到什麼都不想。其實不然，什麼都不想幾乎是不可能的，即便是非常資深的冥想練習者也沒有辦法做到。我們眞正要訓練的是覺察力和專注力，這兩種能力是相輔相成的，每當我們意識到自己分神，並把注意力重新帶回到需要專注的東西上時，就是在訓練自己的覺察力。

一開始，你可能會在想法中迷失很長一段時間才能意識到自己分神了，但隨著練習的增加，你從開始分神到意識到自己分神之間的時間會越來越短，分神的時間越短，專注的時間自然就會越長。

如果你能把正念冥想變成自己的一種日常習慣，每天早上或者睡前冥想十分鐘，一定會因此終生受益。當你熟練掌握了正念的技巧之後，你將會發現自己不僅更能應對各種壓力，精神狀態變得更好，專注力和對情緒的覺察力也會越來越強。

學會巧妙應對拖延

拖延，這幾乎是每個人都會遇到的挑戰，對於自律性比較高的人來說，這可能是偶爾會遇到的問題，但對於自律性比較差的人來說，這幾乎是一場每天都必須面對的「戰役」。

其實，所謂的「拖延症」並不是現在才有的問題，它已經在人類歷史上存在上千年的時間。古希臘哲學家蘇格拉底和亞里斯多德還特別發明了一個名詞來描述這種行為——「缺乏自制」（Akrasia）。也就是，你明知道自己應該要做某件事情，卻做了其他事情。可見，拖延是一個古老而又永恆的問題，我們每個人都注定了要和拖延戰鬥。

你可能會好奇，人類為什麼會有拖延的問題呢？

要解釋這個問題，我們就得簡單了解一下拖延背後的心理學。行為心理學家透過研究發現，人類的拖延行為和大腦的一個獨特心理現象有關，這個心理現象稱為「時間不一致性」，它的具體表現就是，相較於長遠利益，大腦更喜歡此時就能獲得的快樂和滿足感。

為了更能理解這個特點，我們可以想像自己的頭腦裡存在著兩個自我，一個是「現在的自我」，另一個是「未來的自我」。當我們在設定某個目標的時候，比如健身或者學習某項技能，我們其實是在爲未來的自己做計畫。這個時候，頭腦裡想到的都是未來的狀態，以便讓大腦看到行動所能帶來的長遠利益和價值。

但問題是，設定目標和做計畫的是「未來的自我」，執行計畫的卻是「現在的自我」。當要爲目標付出行動的時候，我們回到了「現在的自我」模式，此時大腦想著的是「現在的自我」，它就會更傾向於此時就能得到的快樂和滿足感，那些遠在未來的快樂和利益也就顯得沒有那麼重要了。

說到這裡，我想你大概已經明白了，拖延的問題之所以存在，是因爲我們頭腦中存在著兩個自我，而這兩個自我又存在著利益上的衝突：「未來的自我」看重的是長遠利益，比如長期的健康和良好的體型，「現在的自我」卻更在意當下的快樂和滿足感，比如美食所帶來的快感。

這種困擾可以說是人類所獨有的，對於那些沒有「未來的自我」概念的動物來說，它們可以快快樂樂地活在當下，根本不需要爲未來做什麼計畫和犧牲。人類卻不同，我們是有自我和未來意識的，我們知道昨天的自己、今天的自己，和未來的自己有著連續性，也清楚地知道今天的行爲和選擇會對未來的自己產生影響，所以不能只爲現在而活，只追求當下的快樂，我們還得爲未來做打算，還必須考慮未來的快樂和利益。

依靠長期的回報來激勵現在的自己無疑是一件非常困難的事情，因爲現在的自己並不那麼在意未來的回報。**想要更能激勵現在的自己，就必須找到一種方法把未來的「獎賞」轉移到現在，或者讓未來的不良後果變成現在的不良後果（讓未來的快樂或痛苦，變成近在眼前的快樂或痛苦）。**

回想一下自己的經歷，你就會發現，很多時候正是因爲發生了這種「轉移」，我們最終才能得以行動起來。

舉個例子，假設你要寫個報告。其實上個星期就已經知道必須完成這個報告了，但你就是沒有辦法開始，只能眼看著自己日復一日地拖延下去。每次想到報告的事情，內心都會感到焦慮和苦惱，但這些痛苦還不足以讓你開始行動。

突然有一天，你發現明天就是報告的截止日期了，這個時候未來的後果就變成了現在的後果，因爲如果明天你還沒有完成報告，就得面對上司的責罵和懲罰，於是只好加班，終於在最後一刻把報告寫完了。

實際上，一旦開始行動起來，你感受到的痛苦反而會減輕。這是因爲，雖然完成一項消耗腦力的任務需要經歷「用功」的痛苦，但相較之下，在拖延時所感受到的內疚、羞恥和焦慮更爲糟糕，也就是說，拖延中的你其實比行動中的你更痛苦。

所以，眞正的問題並不在行動本身，而在於開始行動，因爲行動其實並沒有想像中那麼痛苦，它反而會讓我們擺脫內疚和焦慮的折磨，有時甚至還會帶來充實和滿足感。想要停止拖延，就必須盡可能容易地讓現在的自己邁出開始的那一步。

那麼，實際上要怎麼進行呢？以下是幾個我自己平時會使用的策略。

讓快樂提前到來

透過剛才的解釋，我們已經明白了，之所以會拖延，是因爲做計畫的是「未來的自我」，執行計畫的卻是「現在的自我」，而對於「現在的自我」來說，那些需要很長一段時間才能獲得的利益並沒有太大的誘惑力，它更傾向於此時就能獲得快樂和滿足感。

假如我們能夠找到某種方式，讓未來的快樂提前到來，那麼克服拖延自然就會變得沒那麼困難了。可是，怎樣才能把利益從未來帶到現在呢？一個公認有效的辦法就是「誘惑捆綁」。

誘惑綑綁這個概念，最初是由賓州大學的凱瑟琳．米爾科曼教授提出來的。簡單來說，「誘惑捆綁」就是把一個你並不享受但卻能爲你帶來長遠利益的行爲，和一個讓你此時能夠感到快樂的行爲捆綁在一起，它的基本形式爲：只有在做你想要拖延的事情的時候，才能做那件你喜歡做的事情。

米爾科曼以自己爲例，她並不喜歡健身，但又想培養並保持健身的習慣，於是把健身和聽小說有聲書這兩件事捆綁在一起，規定自己只能在健身的時候聽這類非學術性讀物。結果她一週健身五次。

這種捆綁可以是靈活多變的，它的關鍵在於用誘惑對抗阻力，只要這個誘惑有足夠的吸引力，就能在克服拖延上發揮一定的作用。我們甚至可以把這個策略看成是一種自己和自己的談判：當我們特別不想做某件事情的時候，就可以想想，什麼是自己特別喜歡和想要做的事情，然後將它和當前任務綑綁在一起，把它當作任務完成後的獎勵。

我自己在生活和工作中也常用到這種策略。就拿寫書舉例，雖然我非常清楚自己爲什麼要寫這本書，也知道這次創作對我個人發展來說非常重要，但寫作過程實在很艱辛，我有好幾次都陷入了「寫不下去」的困境，不得不一而再再而三地推翻重來。這種煎熬實在太折磨人了，讓我變得很不快樂。

後來，爲了找回平衡感，我決定暫時停掉其他所有需要消耗腦力和意志力的事情，每天只寫作五到六個小時，把剩餘的時間全部用來休閒和娛樂。我甚至會在每天工作前，先做好當晚的美食和娛樂計畫，給自己一些期盼。這樣的改變讓我的狀態很快就調整過來了，我不再感到煎熬和痛苦，而且每天寫起來還很有動力，因爲我知道，只要完成了當天的寫作任務，我就可以去享受生活了。

再比如，有時我必須面對一些枯燥、沒有太多樂趣和挑戰的工作，爲了讓自己行動起來，我會找一家環境優美的咖啡館，點上一杯咖啡和一些甜點。有了這些「獎賞」之後，我通常就能馬上進入工作狀態，因爲我頭腦中會不自覺地產生這樣一種想法：「只有好好工作，把這些任務盡快完成，我才值得享受那麼美好的下午茶。」

讓痛苦提前到來

不管做任何事情，我們背後的驅動力都可以歸爲這兩種：要麼是爲了追求快樂，要麼是爲了避免痛苦。也就是說，有的時候做某件事情並不是爲了得到快樂，而是爲了避免某種潛在的痛苦，比如很多人想要保持健康的飲食和運動習慣，背後的主要動機就是爲了避免一些潛在的健康風險。

如果是這種情況，那麼拖延的原因就不再是「快樂太遙遠，對現在的自己構成不了誘惑」，而是「痛苦太遙遠，對現在的自己造成不了影響」。

舉個例子，雖然我們都知道不健康的飲食會帶來健康風險，但為什麼我們還是管不住自己的嘴呢？原因就在於，這種不良影響通常需要很長一段時間才會浮現，對於「現在的自我」來說，那種痛苦過於遙遠，此時根本感受不到，感受不到痛苦，自控當然就變得困難。

對於這種類型的拖延，我們就可以採取「讓痛苦提前到來」的策略。其實，在社群網站上常見的「公開宣示」就是一個不錯的辦法，這就是利用人們厭惡「背棄承諾」的心理特點——當你對朋友宣示承諾某件事情，最後卻沒有做到，內心就會有種愧疚感和羞恥感，為了避免這種痛苦，就會努力去遵守自己的承諾。

當然，對於某些人來說，「背棄承諾」的痛苦可能還不足以讓自己保持行動，這個時候就可以考慮增加痛苦的程度，比如加入罰金規則，用金錢損失的痛苦來刺激自己，這種潛在損失越大，你感受到的痛苦就越強烈，行動的動力也就越大。

另外，為自己找一個共同行動的夥伴也可以發揮同樣的作用，比如你想堅持跑步，那麼就找一個同樣想要堅持跑步的夥伴，兩個人結伴行動。這樣做的好處在於，一方面你的動力會更大，另一方面，當你想要偷懶的時候，一想到這樣可能會影響到對方，或者給對方留下「不守信」的印象，自然就會打消偷懶的想法。

讓任務變得更容易達成

剛剛提到的兩個策略本質上都是透過加強「現在的自我」的動力來促進行動，第三個策略則是為了降低行動的阻力。

正如我們之前所探討的，導致拖延的關鍵通常集中在「開始」的行為上。一旦開始行動，繼續保持行動就不再是一件困難的事情了。這就是為什麼要盡量把任務設計得更容易達成，如果這個任務很小而且很容易開始，那就不太可能引起拖延。

把任務變得更容易達成至少會帶來兩個重要的好處。

第一，小進步所帶來的成就感有助於保持長期的動力，這意味著你更有可能完成大的任務。

第二，越快完成一項有成效的任務，就能越早培養出一種「高效感」，這種感覺會讓你更有動力完成接下來的任務。

我們用一個例子來解釋。

你這週為自己設定了一個任務——完成一篇文章。如果寫文章這件事情是你不擅長也不享受的，那麼我很確定你一定會出現拖延的情況，背後的原因很簡單，難度太大的挑戰會讓人產生焦慮感和抵抗情緒，而拖延則是暫時逃避這種焦慮感的最好選擇。

但是，如果你修改一下這樣任務，把它改為「構思文章，明確定出文章的核心觀點和主要論點」，那麼任務的難度就大大降低了，只要這個任務是你覺得自己有能力完成的，便不會感到焦慮，也不會有太強的抵抗情緒，克服拖延自然也就變得容易多了。

等到這個任務完成之後，內心便會滋生出一種小小的滿足感和成就感，它們會成為你繼續行動的動力。這個時候，你就可以趁機為自己設定下一個小任務，比如完成文章的開頭。這個任務完成了之後，再設定下一個小任務，直到完成整篇文章。

前面我曾經提過，自己平時就是用這種策略來管理寫作——我從來不把一篇文章的寫作當成一個任務，而是把它拆解成很多個小任務，然後用三天左右的時間把這些小任務逐一完成。這樣一來，內心的壓力小了很多，也就很少會出現拖延的情況。

我發現，英國作家安東尼·特洛勒普也是用這種方式來管理寫作的，只不過他會把任務拆解得更細——每十五分鐘寫兩百五十個字，每天按照這種模式寫三個小時。正是因為這種「專注小任務和小進步」的獨特任務管理模式，使得安東尼成為了一個超級多產的作家——他這一生總共出版了四十七本小說，十八本非虛構類作品，十二個短篇故事和兩個戲劇。

同樣道理，如果你想養成某種良好的生活習慣，不要一開始就把這個習慣變得很難，不要在你還沒學會走路的時候，就急著跑起來，而是從最簡單、最容易達成的目標開始。比如，如果你想開始運動，千萬別一開始就要求自己一週運動五天，從一週運動一天開始，等到自己習慣了一週一天的運動量之後，再根據實際情況進行調整。如果一件事情一開始就那麼難，那麼你注定是堅持不下去的。

以上這三個策略看似相互獨立，但實際上完全可以把它們組合在一起使用，而且組合起來的力量會更大。比如說，我們可以把某個重要的長遠目標，拆解成一個個里程碑式的短期目標，然後再把短期目標拆解成難度適合的小任務，再把誘惑、獎勵和公開承諾之類的策略加入到這個行動過程。

不過話又說回來，對於目標的成功實現來說，這些對抗拖延的方法和策略固然重要，但並不能成爲動力的來源，給予方向和動力的永遠是我們的人生目標。如果內心缺乏清晰的目標，以及對目標的強烈渴望，那麼再好的策略也沒有辦法幫助我們長期堅持下去，只有加上確定的目標和強烈的內在動力，才能在對抗拖延症的戰役中取得勝利和成果。

每天最重要的四小時

你在學習和工作中有沒有過這樣的困擾：經常沒有辦法集中精力做一件事情，做著做著就想要去看看手機，一有什麼新的資訊出現，就立刻被吸引；雖然總想要透過學習和輸出的方式進行自我提升，可是一旦遇到稍微有點認知挑戰、消耗腦力思考的事情，就很難靜下心去做，總是一拖再拖；每天看似忙忙碌碌，卻沒有任何的內在充實感，感覺不到自己的價值，也不覺得自己有什麼實質的進步和成長。

如果上面描述符合你的狀況，那就表示你缺乏深度工作的能力。

深度工作 VS 淺薄工作

什麼是深度工作呢？這個概念其實是《Deep Work深度工作力》的作者卡爾．紐波特創造出來的。紐波特畢業於麻省理工學院，目前是喬治城大學電腦科學系的副教授，此外，他還是一位暢銷書作者，出版了六本書，並創辦了一個稱爲「學習客」（Study Hacks）的網站。他把深度工作定義爲：

「必須在無干擾的狀態下才能專注進行的專業活動，這種活動能使個人的認知能力達到極限。這種努力能夠創造新的價值，提升技能，而且是難以複製的。與深度工作相對的是淺薄工作，它的定義是：對認知要求不高的事務性任務，往往可以在受到干擾的情況下開展。此類工作通常不會爲世界創造太多新價值，且容易複製。」

用我自己的話來解釋，深度工作其實就是那些隨著時間推移，能夠讓你擁有不可替代的價值和優勢的事情。這樣的事情通常具有一定的認知挑戰，做的時候需要專注投入，而且完成之後能夠讓人有種自我成長的充實和滿足感。

一般來說，任何重複性的、流程性的，或者不需要太多思考就可以完成的執行類任務，都屬於淺薄工作，而那些沒有標準答案、沒有固定做法，需要深入理解和思考才能完成的事情，才算得上深度工作。

不過，深度工作本身也存在著深淺之分，有的價值更高，有的價值會相對低一點。如何衡量一項任務的深淺度呢？有一個非常實用的評判方法，就是問自己：「讓一個剛畢業，還沒有在該領域接受特別訓練的大學生完成這項工作，需要多久時間？」

如果一個剛畢業的大學生，只需要花一個月的訓練就能完成這項工作，那就表示此項工作的可替代性很強，但如果需要花上幾年的時間磨練，才能妥善完成這項工作，那就表示這些工作需要大量專業技能和實踐經驗，這種類型的工作不僅可以在單位時間內提供更多的價值回報，還能有效鍛鍊和提升你的能力。

當然，在生活和工作中，沒有人可以完全逃離淺薄工作，有些瑣碎的事情雖然價值沒有那麼高，卻是很有必要的，而且當你職位不高的時候，免不了要做很多重複性、沒有太多價值和挑戰的工作。要知道，公司聘雇你是來做事的，不是來學習的。

但是**如果你想讓自己擁有更好的機會和發展，就得主動規畫。你必須思考自己想要擁有怎樣的能力和成長，哪些事情能夠讓自己得到這樣的成長，然後盡可能高效完成那些必須完成的淺薄工作，以確保自己有足夠時間和精力投入更有價值的事情。**

隨著科技的不斷發展，深度工作的能力正在變得越來越重要，因為那些低價值的事務性工作都會逐漸被智慧化。紐波特在書中就曾提到：「在這種新經濟形勢下，想要獲得特別的優勢，有兩種核心能力是關鍵，一個是迅速掌握複雜工具的能力，另一個是在工作品質和速度方面都達到精英層次的能力，而這兩種能力無一例外，都需要仰賴於深度工作的能力。」

大腦遵循「最小阻力原則」

不過說句實話，即便此時的你知道了深度工作的重要性，也知道哪些事情對自己的未來發展很重要，但我猜，你依然很難專注投入這些事情。

這並不是你的錯，而是與大腦的特性有關。大腦會本能地遵循「最小阻力原則」，也就是喜歡把複雜的事情丟到一邊，先去處理簡單的事情，因爲簡單的事情處理起來相對不那麼費力，比較不需要消耗腦力。

而且，大腦還會對於新奇的刺激產生本能的興奮感，這就使得我們的注意力很容易被新鮮刺激的東西吸引。這一點從進化的角度來看是完全合理的，畢竟，大腦的首要任務是評估各種情況的安全性。那些獨特、新奇、突發或者迥異的東西一旦出現，注意力就會立刻集中，以便評估這個新東西是不是安全的。

注意力的這項特點原本是爲了幫助我們提升生存能力，現在卻成了商家和媒體操作我們的工具。很多內容、產品和活動就是根據這些特點，精心設計而成的，目的就是吸引我們的注意力，讓我們上癮。要知道，在這個「流量至上」的時代，注意力就是資源，不少人做的其實就是販賣注意力的生意，只要能收割大衆的注意力，就能透過不同方式進行變現，實現自身的利益。

一旦我們的大腦習慣了高頻率的快感和刺激之後，就很難容忍長時間沒有新奇的東西，只要當前的活動稍微有些無聊，或者有一點點認知上的挑戰，大腦就會想要從這些低刺激、高價值的活動轉向高刺激、低價值的活動。這就是爲什麼我們在工作或者學習的時候，總是忍不住想要去看看社群網站上朋友更新了什麼內容。

更糟糕的是，如果大腦習慣了隨時分心，那麼即使在我們想要專注的時候，也很難擺脫這種積習，因爲此時的大腦已經無法勝任深度工作了。所以，如果我們經常在極度淺薄的狀態下度過時間，那麼深度工作能力就會變得越來越弱。

除了大腦本身的「缺陷」和過多的誘惑之外，深度工作能力的普遍缺乏還與當前企業的工作文化有關，那就是大家都相信，忙碌代表生產力。

這種信念實際上是工業時代的殘留物，在過去那個時代，大家對「生產力」的定義和理解沒有任何歧義，它取決於單位時間產出產品的數量，然而，在如今這個充滿不確定性的資訊時代，忙碌和價值已經沒有直接的關係，因爲價值創造的關鍵點不在於執行力，而在於思考能力和創造力，而一個永遠在忙碌的人是沒有時間思考的，也就不可能創造出眞正有價值的東西。

遺憾的是，大多數企業依然堅守著這種過時的傳統信念，很多老闆只有看到手下的員工不停地忙碌和加班，才會感到心安。在這種情況下，員工們也別無他法，他們沒有更好的方法證明自身價值，只能投向這種傳統的生產能力概念，透過可視的忙碌來穩固自身價值。

結果就是，所有人都選擇用忙碌來緩解暫時的焦慮，而讓自己忙起來的唯一方式，就是做大量不需要怎麼思考的淺薄工作，這樣起碼會讓自己覺得，這一天做了很多事情。

你的黃金工作模式

值得慶幸的是，儘管向淺薄工作發展的趨勢不易轉變，但只要我們願意努力，並有意識地進行訓練，就可以逐漸培養起深度工作的能力。

該如何訓練呢？可以參考以下四個建議。

① 精心選擇目標

想要提高深度工作的能力，首先要做的就是學會聚焦目標，也就是擺脫所有可以做但不是必須做的事情，只專注於少量「極端重要的目標」。要知道，無論是工作還是生活，想要取得最好的結果，就要盡量縮小目標，因爲**成功通常與你做了多少事情無關，而取決於你是否抓住了關鍵點（那件最重要的事情），以及你是否足夠專注和投入。**

然而，大多數人都不懂得這個道理，他們總是將計畫安排得非常滿，卻很少停下了問自己：我爲什麼要做這件事情？現階段最重要的目標是什麼？這件事情眞的有那麼重要嗎？結果，不僅把自己弄得精疲力竭，還得不到什麼成就感——亦即沒有什麼有價値的產出，也沒有發展出獨特的優勢和技能。

所以，一定要放棄「忙碌就是生產力」這種錯誤信念，學會做減法，只有這樣，你才能集中足夠的精力來達成一些實在的成果。

就拿我的個人經驗來說，我之所以每年都能夠在認知水準上有很大的提升，並且還能有一些不錯的代表性產出，就是因爲懂得聚焦和專注。事實上，我這些年就只專注做一件事情，那就是思考和研究，而我最終想實現的目標，就是能夠深入理解自我成長與發展的基礎規律，逐步形成一套屬於自己的理論和實踐系統。

其實，在很多年前，我就非常清楚地知道，任何一件可以速成的事情都是不值得投入的，因爲你可以速成，別人也可以速成，所以它不可能成爲你的優勢。眞正的優勢一定來自於那些必須花時間才能獲得的能力，而想要獲得這種能力，你就必須投入大量時間和精力。

正是因爲這樣的意識和信念，我從來不投機取巧，也不追求速成，而是不急不躁、踏踏實實地每天朝著自己想要的方向邁進一小步。在我看來，這些努力都是不可或缺的，即便是小小的進步，只要有足夠的累積，它們終有一天會讓我擁有無可替代的價值。

②訓練自己的專注力

假如你的大腦已經習慣了分心，那麼讓它突然專注做一件有認知挑戰的事情是很困難的，因爲你會總是忍不住想去尋找一點「刺激」，比如看看社交網站、聊聊通訊軟體、和看看網路上吸睛的短影片等等。

這個時候，你就必須有意識地訓練自己的專注力，也就是在你感受到想要尋找一些刺激的衝動時，抑制住這種衝動，「強迫」自己把注意力放在當下要做的事情上，如果你任由大腦分心，那麼你就永遠不可能培養出專注的習慣。

在剛開始訓練專注力的時候，我們可以借助工具來幫助自己，比如使用「番茄工作法」。番茄工作法是由法蘭西斯科．西里洛於一九九二年提出的一種時間管理方法，它的核心就是用番茄時鐘（計時器）來設定一個時間，在這段時間內，不允許自己做任何與當前任務無關的事情，番茄時鐘響起之後，休息一到兩分鐘，然後再開始下一個番茄時鐘。

不過番茄時鐘不宜設定過長，因爲想要大腦一直保持長時間專注幾乎是不可能的事情，要知道我們的注意力系統本來就不是爲了對同一件事情長時間保持興奮狀態而存在的。一般來說，二十五分鐘是一個比較合理的時間，每二十五分鐘休息一會兒對緩解大腦疲勞是非常有幫助的。

如果一開始覺得堅持二十五分鐘太難，可以先設定爲十五分鐘，然後再慢慢加長時間，直到二十五分鐘。當然，即便是有工具的幫助，持續保持專注在一開始也會有些困難，任何習慣的培養都有一個過程，但是只要堅持一段時間，隨著大腦中新迴路的形成，阻力不斷減弱，我們就會慢慢發現專注似乎沒有那麼難了。等習慣養成了之後，便不需要再依賴番茄時鐘了。

前面所提到的正念冥想，也是一個被證實有效的專注力訓練方法。神經學家發現，經常冥想的人的專注力會比沒有冥想習慣的人更強。

除了主動訓練專注力之外，我們還可以透過消除外部環境中的干擾來減少分心的衝動，比如在工作的時候，可以暫時斷掉網路或者關掉手機，甚至透過卸載的方式，讓自己遠離那些低價值、容易讓我們上癮的應用程式。

以我自己爲例，我的手機上從來沒有裝過社交軟體的應用程式，而且在很多年前就戒掉了看朋友動態的習慣（但我會關注一些高品質的公衆號，從中獲得一些有價值的資訊）。從去年起，爲了專注研究和創作，我暫時停止了在朋友圈更新自己的動態，透過這種「消失」讓自己更能沉靜下來，等到這一階段的研究和創作完成之後再「出現」。

③ 建立自己的深度工作模式

有了值得投入的目標和專注的能力還不夠，我們還必須找到屬於自己的最佳深度工作模式，因爲每個人的生理特性、職業特性和客觀處境都不同，不是所有人都可以隨時隨地保持專注。你必須根據自己的情況，找到最適合進行深度工作的時間段，把它固定下來。

一般來說，早上是最適合深度工作的，因爲早晨起床後的兩三個小時，我們的頭腦是最爲清醒和活躍的，這段時間被稱爲「腦的黃金時間」。在這段時間裡我們做了些什麼，將直接決定這一天我們將要完成的工作量，以及工作的品質。

這完全符合我的個人經驗，一般來說，早上起床、吃完早餐之後，我就會投入到寫作中，一直工作到中午。下午我也會工作一段時間（大概兩個小時），但我發現下午的效率和思考能力遠遠不及上午，經常會遇到思路斷掉、寫不下去的情況，可是等到第二天早上，新的靈感和思路又會突然湧現。所以，對我來說，早上和上午那段時光就是我最重要的深度工作時間，我會利用這段時間完成當天三分之二的核心工作，然後留一小部分在下午完成。

遺憾的是，在頭腦最爲活躍、創造性最高的黃金時間裡，很多人正在擁擠的捷運或公車裡趕著上班。大多數上班族早上的時間安排是這樣的：七點起床、洗漱、吃早餐，八點出門，九點到公司。起床後的黃金時間，就這樣被消耗在沒有任何「生產性」的事情上。

所以上班族要想善加利用起床後的黃金時間，就只能早起，爲自己在上班之前贏得一些「個人時間」。這段時間不僅頭腦最靈活，而且通常不會有來電，室外也很安靜，所以更容易讓人屏除雜念，專注做些有一定認知挑戰的深度工作。當大腦略感疲勞的時候，正好也到了該出門上班的時間，搭乘交通工具的時候正好能聽聽音樂，放鬆一下大腦，爲接下來的工作做好充分準備。

到了公司之後，千萬不要先做那些無關緊要的瑣事，而要優先完成那些有難度、有挑戰的工作，因爲深度工作需要用到自主性注意力，而自主性注意力是一種有限的資源，時間越往後，注意力資源就越少，想要保持專注就很困難。其實，我們每天能夠處於深度工作狀態的時間是有限的，最多也就四個小時。說實話，能夠在八個小時的工作時間內，進行四個小時的高效工作狀態就已經非常了不起了。

如果你的工作內容可以自己掌控，那我建議你最好把工作時間分成兩段，其中一段追求高強度、無干擾的專注（這段時間盡可能安排在上午），其餘時間就用來處理那些不需要消耗太多注意力和腦力資源的淺薄任務。

另外，週末的時間也是非常寶貴的，如果你週末也能照樣早起，並且能夠充分利用早起的黃金時段，那麼你就能爲自己創造更多的深度工作時間。

④創造最佳的大腦狀態

最後，要想每天都有足夠的精力投入深度工作，懂得如何照顧自己的大腦也是一件很重要的事情，要知道人腦並不是電腦，它是會疲勞的，疲勞的時候如果得不到足夠的休息和放鬆，那麼長此以往，大腦的狀態和工作效率都會受到影響。

我發現，每天有一段安逸的時光，做些讓自己感到放鬆和幸福的事情，特別有利於補充能量。比方說，我會在每天下午五點半左右結束一天的工作，之後的時間，我就會全都用來享受生活，做一些能夠保持幸福感的事情，比如散步、練歌、聽音樂、閱讀、做飯、和家人聊天、做做伸展運動、看看娛樂節目等等。此外，我還會利用這段時間爲明天的「深度工作」做好準備。我會提前做好明天的計畫和排程，準備好明天做飯需要用的食材，還會在散步的時候想想明天要寫的內容，把寫作思路先定下來。

正是因爲有了這些時光，我現在根本不需要什麼單獨的「休息日」，每天早上醒來之後，都能精力滿滿地投入到全新一天的工作。

當然，對於大多數人來說，平時晚上可能沒有那麼多自由時間用來休閒和做自己喜歡的事情，那麼冥想就是最好不過的選擇了。除此之外，你還可以考慮寫感恩日記，因爲感恩能夠把我們的注意力引導到正面的事情，有助於主動創造積極的情緒，要知道，消極情緒對大腦也是一種損傷。

除了要讓大腦得到放鬆，還得確保自己擁有足夠的睡眠，因爲睡眠品質將直接決定我們第二天的精神狀態。

睡眠之所以如此重要，是因爲大腦在白天工作時會產生大量代謝廢物和毒素，這些廢物和毒素是需要排除的。大腦其實擁有一套類似身體淋巴系統的特殊廢物處理系統，稱爲膠淋巴系統，只不過它的主要工作時間是在晚上。研究者們發現，睡眠中的膠淋巴系統比清醒狀態下活躍十倍。所以，大腦必須透過睡眠來進行代謝和恢復。如果睡得不好，膠淋巴系統就會失效，大腦功能就會受到影響。

另外，大腦的精神狀態還會直接受到日常飲食的影響。關於這一點，我們都應該很有體會，每次吃了大量碳水化合物之後，就會變得很睏倦，打不起精神；而當我們感到飢餓的時候，集中精力就會變成一件非常困難的事情。

在飲食方面，最需要關注的就是血糖的變化，因爲對提高認知表現和維持穩定的情緒而言，保持穩定的血糖極其重要。穩定的血糖對思考能力，尤其是工作記憶，有著積極的影響。保持血糖穩定的關鍵在於控制碳水化合物的攝取，所以，一定得避免在早餐和午餐的時候攝入大量碳水化合物，尤其是那些升糖指數很高的碳水化合物。

一頓健康的飲食應該是一些含有蛋白質、含糖指數低的碳水化合物和健康脂肪的食物，而且在攝入碳水化合物之前最好先吃一些沙拉，減緩血糖升高的速度。還可以準備一些堅果和水果之類的健康零食，在腦力不足的時候及時補充能量，避免出現血糖過低的情況。

運動對精神狀態也同樣有著很大影響。適量的運動能夠幫助我們在幾分鐘甚至幾小時內集中注意力，讓思路更清晰、情緒更積極。運動就像是個「重啓」鍵，它非常可靠，效果顯著而且快速，能夠立刻提升你的精神表現。所以在工作的時候，盡量避免久坐，時不時起身走動走動也會讓我們的大腦更活躍。

如果發現自己精神狀態不佳，沒有辦法集中注意力，或者思路受阻，可以考慮透過適當強度的運動來喚醒你的身體。這會讓我們在接下來的時間注意力更集中，精神更敏銳，效率也更高。

井然有序的規律生活

說到過去這些年我的成長，除了在認知和專業能力上有了扎實的累積之外，另一個讓我感到十分自豪的成長，就是我強大的生活管理能力和一系列良好的生活習慣。每次朋友來我家做客，都會驚訝於眼前的極簡風格——我的東西很少，而且所有東西都被收納得整整齊齊，每個物品都有自己的專屬位置。不僅居住空間如此，我的日常生活也一樣，永遠處於一種有條不紊的狀態。

這些生活習慣並不是我從小就有的，也不是長大後自然而然形成的，而是多年來透過有意識地培養和訓練一步步獲得的。我每年都會為自己設定一到兩個生活相關的主題，透過專案的形式對自己的生活方式和習慣進行升級與改造。之所以要這樣做，是因為這種規律有序的生活有很多顯而易見的好處。

一方面，它能讓我以一種井井有條而又毫不費力的方式去應對和管理各種生活瑣事，不會因為工作過於忙碌導致生活一片混亂。這種掌控感對於個人幸福感而言其實是非常重要的，因為它能大幅降低由雜亂和瑣事引起的焦慮感。

另一方面，規律有序的生活還有助於我進行時間和精力管理，當生活有了規律和秩序之後，我就能減少很多不必要的時間和精力上的消耗，可以把更多時間和精力投入到更爲重要的事情上，也能更妥善照顧自己的身體，讓自己每天都擁有充沛的精力。

如果你也想擁有更強的生活掌控感，並且能夠在忙於工作的同時，兼顧生活品質和健康，那麼不妨花些時間和精力，有計畫地爲自己打造一個井然有序的規律生活。

從生活的斷捨離開始

想要打造一個規律有序的生活，我覺得，最好的起點就是從生活空間整理開始，因爲空間的秩序感是最顯而易見的，而且當我們體驗到了這種秩序感所帶來心態上的積極改變之後，就會更有動力進行其他的改變。

對絕大多數人來說，生活空間混亂的主要原因就是東西太多，想要生活變得井井有條，首先要做的就是斷捨離，勇敢扔掉那些不再需要的物品。東西少了，混亂程度自然下降。

扔東西看起來雖然是件小事，但有過體驗的人應該都知道，這其實是一個與內心不斷抗爭的艱難過程。想要眞正做到斷捨離，得同時具備選擇和捨棄的能力——**你必須有能力從滿屋子的物品中挑出那些自己眞正需要的，並且有勇氣和那些不需要的物品說再見。**

選擇和捨棄之所以很難，是因爲我們的大腦天生討厭損失，這種心理是漫長的進化過程中形成的，要知道資源稀缺是人類一直以來面臨的生存挑戰，在這種情況下，損失很有可能意味著生存威脅。雖然我們現在已經擁有了不愁吃穿的生活，但過去巨大的生存壓力已經在大腦中留下了深刻的印記，這就是厭惡損失（害怕失去）的心理根源。

從這個角度來看，我們害怕捨棄，其實是因爲我們需要安全感。但問題是，**眞正的安全感從來都不是外在事物所能賦予的，它只能源於我們自身那些穩定的、永遠不會失去的東西，比如能力、品格等等。**

在我看來，斷捨離不僅能夠讓我們的生活變得更有秩序，它本身還是一種很好的自我訓練，因爲斷捨離有利於我們克服對失去的恐懼，只有擺脫對失去的恐懼，我們才不會被擔心和害怕的事情占去太多精力，才有可能把注意力慢慢轉移到眞正重要的事情——那些我們永遠都不會失去的能力和品質上，並以此獲得眞正的安全感。

在斷捨離過程中，如果你感覺難以割捨，或者感到內心有股抗拒的力量，那麼就問自己：「失去了又能怎樣？」然後再想想，什麼是別人拿不走，自己也永遠不會失去的。這些，才是我們眞正需要在意和花時間投入的，因爲它們是安全感最穩定的來源。

生活整理四步法

第一步：清理

如果真的下決心打算簡化自己的生活空間，我建議先來一次徹底的物品清理——先把家裡的東西全部審視一遍。在這個過程中，你得果斷地挑選出那些不需要的物品，然後進行處理，比如扔掉或者送人。當然，這個尺度和標準必須自己把握。日本整理大師近藤麻理惠在《怦然心動的人生整理魔法》中建議：「只留下讓你怦然心動的，其他統統丟掉！」我自己採用的是實用原則，亦即會頻繁使用，而且沒有其他替代品的才留下。如果沒有實用價值，那麼即使再喜歡我也會處理掉。

挑出不需要的物品之後，接下來必須逐一記錄那些打算保留下來的物品，把它們一一呈現在紙上，看看自己到底擁有多少物品。這一步可能需要花費很多時間，特別是從來沒有對自己的生活進行過整理的人。但我敢保證，這是一件一勞永逸的事情，花這個時間絕對值得。這裡要提醒的是，這個清理過程一定要一次性完成，拖的時間越長，完成的可能性越低。趁著這股熱情，用一個週末的時間爲自己來個徹底的大清理吧！

當然，如果你的東西非常多，或者你沒有整個週末的時間來收拾，那麼也可以考慮按房間或功能區間來進行清理。

第二步：歸類

清理之後的第二步，就是歸類整理。我的建議是，把所有物品先按照功能進行分類。這一步完成之後，就要進行現實中的歸類整理了。

歸類整理的過程就是一個物品與空間搭配的過程，必須把具有相同功用的物品收納在一起，然後擺放在最方便和最適合的位置。物品的擺放位置必須從此固定下來。

這裡我想特別強調一下收納用品的作用。收納用品有兩個重要的作用：一是可以將物品妥善歸類整理，讓同類物品放在同一個收納用品中；另一個重要作用就是可以把雜物集中在一起，用降低醒目度的方法將容易淩亂的部分盡可能地遮蓋或隱藏。

我在生活空間裡大量使用了收納工具，這使得整個家在視覺上整潔乾淨。而且有的收納工具本身就可以帶來視覺上的享受。

第三步：保持

完成物品的功能性歸類和收納用品的選擇後，接下來的重要任務就是爲每件物品找到自己的歸屬地，這對於保持生活空間的整潔十分重要。而且每次用完之後，一定要把物品放回原位。這樣的習慣養成需要一些時間，但是一旦養成，你的生活將變得十分輕鬆，不僅能夠時刻保持生活空間的清爽整潔，而且永遠不會爲了找不到東西而煩惱。

另外，我們經常會有一些衣服穿了一次，還不需要洗，但是又不能放回衣櫃，或者有些衣服需要洗，但是還沒有積攢足夠的髒衣服量，這時候，我們可以設置一個緩衝區（可以是個能裝下很多衣服的編織筐）。這個緩衝區專門放置這些衣物。然後每週定期清理緩衝區，清洗完衣服之後再放回衣櫥或者收納箱裡。

第四步：更新升級

隨著收入的增加和審美的提高，我們對生活品質的要求也會越來越高。每年我都會爲自己設定一個生活升級計畫，並爲此制定合理的預算。透過換掉一些不再適合自己的物品，或者不再符合自己品味的物品，可以逐漸提高生活品質。

我曾經按照這個方式為自己的生活進行一次徹底的斷捨離，我扔掉了所有自己不喜歡和不會再用的物品，並將扔完之後留下來的物品按照類別一件一件記錄下來。與此同時，我還開始學習收納，買了很多喜好風格的收納用品，對物品進行歸類，然後擺放在固定的地方。

這項龐大的「工程」大概花了我一個月的閒暇時間。儘管這個過程耗費許多時間和精力，但卻非常值得，因為我的生活變得更加美好了，居住空間變得乾淨整潔又賞心悅目，再也不需要為了找不到東西而煩惱。這不僅給了我一種「家」的溫馨感和安全感，更給了我一種想要把生活過得更加精緻和健康的動力。

那次全面斷捨離和收納系統的建立，可以說是一件一勞永逸的努力，從那以後，我的生活就再也沒有亂過，每年還會定期對物品和收納方式進行升級，讓生活不斷接近自己理想的樣子。

將好的選擇固定下來

馬克．祖克柏曾經在臉書上分享過自己衣櫥的一張照片，照片裡是十幾件一模一樣的灰色T恤，他還配上了一句話：「休完陪產假之後的第一天，我該穿什麼呢？」雖然這是一句自我調侃，但卻反應了祖克柏的眞實生活——他幾乎每天都是一身灰色T恤和牛仔褲。

爲什麼祖克柏要買那麼多件相同的T恤呢？他的解釋是這樣的：「我每天早上起床都有超過十億的人在等著我服務，我不想把時間浪費在那些無意義的事情上，在生活中，我總是盡量簡單一些，少做選擇。」由此可見，買十幾件同樣的T恤正是祖克柏提高生活效率的一種策略。

當然，我不是建議你去模仿祖克柏，一下子買十幾件相同的衣服，而是想讓你明白他這種行爲背後的邏輯——對於生活中那些不値得花過多時間和精力做決定的事情，最好把選擇固定下來，以此減少生活中要做的選擇。

不得不說，「減少生活中要做的選擇」是一個非常實用的高效策略，因爲選擇本身是件非常消耗精力的事情，即使是做一些典型的、日常的、不重要的決定。當我們有太多選擇要考慮的時候，大腦就會產生疲勞感。有的時候，我們甚至還會因爲不知道要如何選擇而產生一系列的拖延行爲。

在日常生活中，我也會刻意透過「固定選擇」的方式，降低必須做選擇的頻率。比如說，生活中幾乎所有日常消耗品，我都有自己長期固定使用的品牌，買衣服也是固定幾個品牌，而且我的衣櫥很簡單，不同類型的包我只配一個，不同類型的鞋我也只配一兩雙，另外，衣服我也都會盡量搭配好，確保自己在不同場合都有合適的衣服。

從去年開始，我把這種策略也用在日常飲食上。說實話，我之前並沒有太關注自己的飲食健康，吃得很隨意，經常會因爲貪圖方便而點外賣。後來，我的一位好朋友到史丹佛大學進修營養學，學習了很多最新的營養學知識和飲食理念，並把這些知識和理念分享給了我。在她的影響下，我開始越來越關注自己的飲食健康，不再點外賣，三餐都自己做。

我根據她給的飲食建議，制定了自己的飲食規則。我每餐幾乎都會按照50％的蔬菜，30％肉類（鱈魚、牛肉、豬肉、雞蛋等等）和20％的碳水化合物（粗糧）的比例進行搭配，每天會吃一些堅果和水果。此外，我還會在網路上學習烹調喜歡吃的菜，並把這些食譜記下來。到現在爲止，我的拿手菜已經累積了十幾種。

有了這些飲食規則和固定的食譜之後，我就能在每天寫「晨間日記」的時候，提前做好第二天的飲食規畫，並準備好食材。這樣一來，我就能用最少的時間和精力來管理自己的飲食，確保營養均衡。

設計「早晚生活流程」

關於打造井然有序的規律生活，最後一個小建議就是，你可以有意識地為自己設計一套「早晚生活流程」（morning/evening routine），這也是西方很多時間管理和效率達人經常會提到的一個高效策略。

什麼是「早晚生活流程」呢？首先解釋一下routine這個詞，它指的是按照某種固定的流程或順序做一系列事情，也稱為常規。從本質上來說，它就是一種個人習慣，只不過是一種流程性的習慣。所以，「早晚生活流程」就是我們早上和晚上習慣性會去做的一些事情。

其實，我們每個人都有屬於自己的早晚生活流程，只是沒有經過設計通常會是這樣的：睡前習慣性地躺在床上滑社群軟體或追劇，結果看得興奮了，怎麼也睡不著。晚上睡不著，第二天早上自然就起不來，等到不得不起床的那一刻，趕緊從床上爬起來，胡亂洗把臉之後衝出門，路上隨便買點早餐應付一下或者乾脆不吃。到了晚上，又繼續重複同樣的模式。

我知道，很多人都渴望擁有一個更加自律和高效的人生，然而大多數人沒有意識到的是，真正高效的人生，其實應該從早晚生活的設計開始，因為早上的心情和節奏決定了這一整天的基調，而晚上，尤其是睡前的安排，直接影響著睡眠狀況，睡眠狀態又直接影響著第二天的精神狀態和大腦的工作效率。

那麼，我們應該怎樣設計自己的「早晚生活流程」呢？

我們先從晚間流程說起吧！一個好的晚間流程，應該至少包括三個部分：回顧、計畫和睡前準備。

回顧，就是對白天的經歷進行反思、分析和總結，想想哪些地方可以改進，整理一下情緒，讓情緒歸零，這樣的復盤對個人成長很重要，也能避免我們把情緒帶到第二天。

計畫，就是提前想好第二天要做的事情，做好計畫，準備好要穿的衣服和要用的物品，這樣的話，第二天一起床就會非常清楚今天要做些什麼，應該如何安排時間和精力，而不需要臨時思考。

睡前準備，則是要在睡前停止做那些讓大腦興奮的事情，讓大腦逐漸安靜下來，進入準備就寢的狀態。

接著再談談早上的流程。一個好的晨間流程，毫無疑問應該從早起開始，因爲只有早起，才會有充足的時間，才能有條不紊地完成早上要做的事情，比如洗漱、吃早餐、換好衣服、化妝等等，並且爲這一天的工作做好心理準備，比如可以看看前一天晚上做的計畫，想想今天最核心的任務是什麼，給自己一些積極的鼓勵。

除此之外，我們還可以在晨間流程加入一些思考或者學習類的活動，比如寫作、讀書或者聽課等等。早上的大腦是最清醒和活躍的，很適合思考和學習。

在這裡，分享一下我爲自己設定的早晚流程。

★晨間流程（起床到正式開始工作之間做的事情）

起床

洗澡

準備咖啡和早餐

吃早餐＋聽有聲課程

讀古詩詞（10分鐘）

★晚間流程（每天工作結束之後做的事情）

做計畫——晨間日記（包括飲食計畫）

晚餐（打電話給爸媽）

散步（思考、聽課學習）

看娛樂節目（同步伸展）

洗漱護膚

睡前閱讀、冥想

★說明：

1. 「讀古詩詞」是我在2018年養成的一個小習慣，到目前為止，我利用每天10分鐘的晨讀時間，已經熟背了近200首古詩詞。

2. 晨間日記雖然稱為「晨間」日記，但我都是晚上做——提前列好第二天的任務清單。

雖然說規律有序的生活聽起來很美好，但我們也得知道，這樣的生活不是立刻就能獲得的，但只要你有意識地去探索和設計，一個習慣一個習慣地去刻意培養，那麼你也一定能擁有一個健康、高效又不失平衡感的美好生活。

後記
從「焦慮人生」到「有意義的人生」

在這本書的末尾，我還想聊聊我對「意義感」的理解。

在二〇一七年哈佛畢業典禮上，祖克柏發表了一則關於「意義感」的演說。演講中，他提到，這個新時代所面臨的挑戰不僅僅只是創造新的工作，還有如何爲這個世界創造新的意義感。

作爲全球最大社交平臺的執行長，祖克柏對於這個時代的洞察是敏銳的，我們的確已經進入了一個意義感普遍缺乏的時代。

我認爲，這種現象的主要造成原因，是傳統價值觀與這個迅猛發展的新時代發生了嚴重脫節：**傳統價值觀強調的是集體、奉獻和自我克制，現代社會強調的則是個人、消費和欲望，因爲這是經濟發展的基礎。**

在金錢和物質的激勵下，每個人都在爲更好的物質生活而努力奮鬥，然而以物質追求爲核心的價值觀是有問題的，因爲物質並不能給人持續的刺激，也無法給予人類渴望的那種精神上的滿足感。

隨著時間的推移，越來越多人開始感受到那種缺乏更高人生意義所帶來的空虛、迷茫和困惑。現代的都市人急需一種新的信仰，來爲人生賦予更高的意義。

人對意義感似乎有一種本能的需求，我們必須知道自己是爲什麼而活，必須爲自己的人生找到一個明確的方向。缺乏了方向感，我們就會經常感到迷失，所體會到的幸福感也是不完整的。

事實上，我從二十幾歲就開始思考人生意義這件事了，也曾爲這個問題請教過不同的老師，進行過大量心理學和哲學上的學習。直到最近這一兩年，我才總算想通了這個問題，有了自己滿意，也是相對比較科學的答案。我相信，這個答案應該也能解答你心中關於人生意義的困惑。

不過，在談論人生意義之前，我想先解釋一下什麼是「意義」。

「意義」這個詞彙我們在生活中經常用到，比如，當我們在設定某個目標或者做一件事情的時候，都會忍不住思考，這個目標是不是眞的有意義呢？或者，這件事情對我來說到底有什麼意義？

「意義」一詞反映的是一種假設，亦即事件或者目標之間基於一個最終目標而互有關聯，它們有一種現成的秩序和聯繫。所以，當我們想要知道某件事情的意義時，我們眞正想要知道的是，這件事情和那個最終目標之間有著怎樣的聯繫。

賓州大學心理學教授達克沃斯（Angela Duckworth）曾在她的《恆毅力》一書中提到過目標層級的概念。在這目標層級中，最頂端的目標是頂級目標，頂級目標往下是中級目標，中級目標下面則是低級目標。

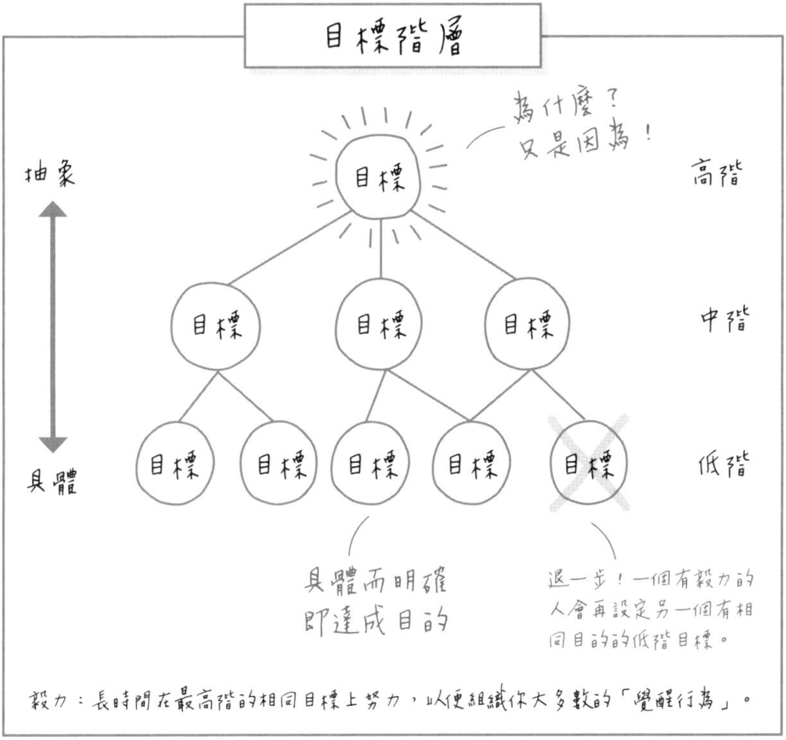

目標層級圖解

在達克沃斯所說的這個目標層級當中，目標和目標之間因最終的頂層目標而相互連結。頂級目標就是我們最終要追求的東西，也可以說是「人生終極大目標」，中級目標和低級目標則是我們爲了實現頂級目標而選擇的策略，它們是手段，而不是目的。

一般來說，目標層級越高就越抽象、越重要，離我們的終極大目標也越近，目標層級越低就越具體，靈活性也越高。所謂的靈活性指的就是可以被調整，甚至是被刪除的。

日常生活和工作中那些必須得做的具體任務，以及爲自己設定的一些短期小目標，都屬於低級目標，它們僅僅是我們實現那些更爲高層目標的手段，通常是特定和瑣碎的。假如這些瑣碎的小目標和任務背後沒有一個頂級目標將它們連接起來，那麼我們就會缺乏意義感和方向感。

從這個角度來說，所謂的找到「人生意義」，本質上就是要解決人生頂級目標的問題，也就是要爲生活中爲每天所做的事情找到統一的方向，或者說一個終極大目標，只有這樣，我們才不會覺得迷茫和空虛。

所以，人生意義的核心作用就在於，**它可以爲我們的精神世界提供一種秩序，有了這種秩序，我們就能實現內心的和諧，無需再把精神能量浪費在猶豫、懷疑、後悔、擔憂及恐懼之上，而是可以把精力聚焦和投入在有益的方面。**

實際上，這個頂層目標是什麼並不重要，它甚至是可以調整和改變的，重要的是經由目標，建立起內在秩序，把精力聚集起來，並找到投入的充實感和樂趣。

不過話又說回來，雖說頂層目標具體是什麼並不重要，但它必須滿足一個非常重要的前提條件，那就是，這個目標不能是以自我爲中心的，而是「比自我更大的目標」。

如果你追求的不是「比自我更大的目標」，僅僅執著於自我，那麼這樣的追求就沒有辦法爲你帶來內在的和諧與秩序感。

爲什麼這麼說呢？我來簡單解釋一下。

首先，我們得理解什麼叫做「以自我爲中心」的目標。這裡的自我，指的就是自尊，也就是有關自我的評價與看法，它通常是建立在與他人的比較之上，關乎的是我們在他人心中的形象和地位。

當追求的是「以自我爲中心」的目標時，我們眞正追求的其實是自我地位的提升，是爲了贏得所謂的社會認同，或者爲了證明所謂的自己的「價値」。

在這種情況下，我們眞正在意的不是目標本身，不是因爲這個目標對我們來說多重要，而是這個目標能否爲我們贏得認同，能否讓我們看起來更成功、更優秀，或者更有地位。

我們再來看看與之相反的情況。當我們追求的是「比自我更大的目標」的時候，我們的關注點就不是在自己身上，而是在目標上，就不會總想著自己——不會總在評判自己，或者拿自己和他人進行比較，也不會總擔心別人對我們的看法。

舉個簡單的例子。有很多明星、企業家都會去做慈善，有的人做慈善是爲了讓自己看起來很有善心和社會責任心，或者爲了避免被譴責；而有的人去做慈善是因爲自己眞的很在意，希望透過盡一份力量來讓這個世界變得更美好一點。

對第一種人來說，他們眞正關注的其實是自己（自己在他人眼中看起來如何），而對第二種人來說，他們的關注點並不在自己身上，而是這件事情本身，這才稱得上不「以自我爲中心」。

當然，這種區分僅僅是表面上的，背後還有更深層的原因。一個人爲什麼會把自我看得那麼重，爲什麼會「以自我爲中心」呢？其實，本質上還是因爲缺乏安全感，內心不接納自己，覺得自己不夠好，缺乏自信。

人在缺乏安全感、沒有自信的時候，就會不自覺地把所有注意力都放在自我身上，自我意識會變得很強，這是一種我們與生俱來的防禦機制。相反地，人在自信的時候，是很少會想到自己的，也不會總是關注他人對自己的看法。

說實話，**自我意識太強其實是一件非常痛苦的事情，因爲你總是在評價自己，總是在擔心自己是不是夠好，總想證明自己，想要得到認同。**而且還會沉迷於自身和他人的比較之中，比如成就上的比較，也更傾向於追逐名利，你甚至會把他人的優秀看成是對自己的一種威脅，並因此產生嫉妒，對他人充滿敵意。

所以，從某種意義上來說，**安全感是意義感的前提，你必須先擺脫一個「焦慮的人生」，才有可能過著「有意義的人生」**，只有當我們不再執著於自我，不再以「自我爲中心」的時候，你才有可能找到，並執著於那個比自我更大的目標。

我猜想，關於「比自我更大的目標」，你或許還有些疑惑，到底怎樣才算是「比自我更大」呢？

在我看來，所謂「更大」主要體現在兩個層面，一個是縱向的，與自我的深度和複雜度有關，另一個是橫向的，與自我的廣度、範圍有關。

我先說說縱向的。

身爲人類，我們身上存在著一種自我超越的本能。我們生來就具有好奇心，我們希望了解這個複雜的世界，也喜歡在探索和挑戰中不斷進步。在這個跟隨本性去學習和發展的過程中，我們的「自我」會變得越來越複雜，我們能做的事情、能應對的挑戰越來越多，對世界的理解也越來越深入。

尼采就認爲，人生的意義在於自我超越。在尼采看來，人是尚未定型的動物，這可以說是人之所以爲人的關鍵，並使得人類與其他動物區分開來。其他動物都已定型，沒有發展的自由，人類卻不然，人類擁有極大的不確定性和可塑性，因此人可以自己改變自己，自己創造自己。

人既然是未定型的動物，那麼我們就應該擁有個人發展上的無限可能。我們究竟將往什麼方向發展，最終會成爲怎樣的人，完全取決於自己的選擇和努力。當我們爲自己設定了目標，並爲此克服限制，突破挑戰，超越那個原來的自己的時候，我們便成爲了一個全新的自己。而我們每一次的自我創造行爲，都在爲自己打開新的可能。

當然，這個過程並不容易，因爲自我超越本身就是一個與阻力抗爭的過程，我們必須走出舒適圈，需要經歷艱辛的付出，遭遇各種磨難，但只有這樣我們才能感受到生命背後那股自強不息的力量。從這個角度來說，痛苦其實就是人生意義的一部分，因爲痛苦磨練的是意志，只有這種磨練，才能激發出我們的各種潛能。

不過，僅僅是有深度還不夠，自我還需要有廣度上的拓展，這種廣度來自與他人之間形成有意義的連結，這種連結能夠拓展「自我」的概念與邊界。

其實，這種橫向拓展的需求同樣來自於人的本性，因爲我們的本質是社會動物，我們需要依賴彼此而生存，所以必須，也渴望與他人建立連結，沒有連結的人生是孤獨的、缺乏溫度的，也沒有意義感和幸福感而言。

那麼，什麼樣的連結才是「有意義的連結」呢?這裡的「有意義」，指的是你能對他人產生積極的影響，能夠爲他人提供價值。

這種價值可能是爲他人解決某個具體的問題，可能是知識、技能的傳授，或者認知上的啓發，也可能是一股積極、正向的能量，還可能是一種美好、溫暖、愉快的感受和體驗。這種連結的形式也可以是各式各樣的，它可以因爲現實生活中的接觸而產生的直接連結，也可以是間接的連結，比如透過你從事的工作，或者創造出來的作品和產品等等。

換言之，只要你的存在能夠讓他人的生活變得更美好，那麼這種連結就是有意義的，不管是直接，還是間接的。

說到這裡，我們不難得出這樣的結論：一個有意義的人生，一定包含了深度和廣度兩個層面的自我追求。這兩個層面的追求通常是緊密相連的，因爲我們的連結範圍會隨著自身的複雜化而逐漸擴大。

當我們的自我還很簡單的時候，連結的可能只是自己的家人，身邊的朋友，或者一起工作的同事等等，但隨著自身能力的不斷發展和提升，以及對於世界認知的深入，我們能夠解決的問題越來越多，能夠做的事情也越來越多，這個時候，我們接觸和連結的人就會越來越多，可以產生的影響範圍也越來越大。

當然，每個人這一生的時間和精力都是有限的，到底要在哪個領域進行自我的深入，或以什麼樣的形式、與哪些人構建積極的連結，都是每個人需要自己花時間獨立思考、探索和選擇的。如果這本書能帶給你一些思考的勇氣，探索的方向，那就是我最大的收穫了。

Eurasian Publishing Group
圓神出版事業機構
用心與你對話・網野無限寬廣
圓神出版社
Eurasian Press

www.booklife.com.tw　　reader@mail.eurasian.com.tw

圓神文叢 278

斜槓青年實踐版：成爲內控者，建立幸福人生的正向迴圈

作　　者／Susan Kuang
發 行 人／簡志忠
出 版 者／圓神出版社有限公司
地　　址／台北市南京東路四段50號6樓之1
電　　話／（02）2579-6600・2579-8800・2570-3939
傳　　真／（02）2579-0338・2577-3220・2570-3636
總 編 輯／陳秋月
主　　編／吳靜怡
責任編輯／吳靜怡
校　　對／吳靜怡・莊淑涵・歐玟秀
美術編輯／金益健
行銷企畫／詹怡慧・曾宜婷
印務統籌／劉鳳剛・高榮祥
監　　印／高榮祥
排　　版／陳采淇
經 銷 商／叩應股份有限公司
郵撥帳號／18707239
法律顧問／圓神出版事業機構法律顧問　蕭雄淋律師
印　　刷／祥峰印刷廠
2020年8月　初版
2020年9月　6刷

定價 320 元　　ISBN 978-986-133-725-8　　

我寫這本書的目的，從某種意義上來說，就是想要協助你改變這種狀態，協助你彌補成長過程中缺失的一些重要「功課」：學會如何不依賴外在獎賞而行動，如何不讓自己的情緒隨著環境而變化，就算遭遇失敗和挫折，也能保持積極樂觀的心態，然後帶著這份積極與樂觀，努力追求那些對自己來說眞正重要的目標，主動創造一個自己想要的美好人生。

——《斜槓青年實踐版：成爲內控者，建立幸福人生的正向迴圈》

◆ **很喜歡這本書，很想要分享**

圓神書活網線上提供團購優惠，
或洽讀者服務部 02-2579-6600。

◆ **美好生活的提案家，期待為您服務**

圓神書活網 www.Booklife.com.tw
非會員歡迎體驗優惠，會員獨享累計福利！

國家圖書館出版品預行編目資料

斜槓青年實踐版：成為內控者，建立幸福人生的正向迴圈／Susan Kuang
著. -- 初版. -- 臺北市：圓神，2020.08
304面；14.8×20.8公分. --（圓神文叢；278）
ISBN 978-986-133-725-8（平裝）

1.自我實現 2.生活指導

177.2　　109008732